Katrin Bederna

Alles wird gut?

Franziskanische Akzente

herausgegeben von Mirjam Schambeck sf
und Helmut Schlegel ofm

Band 30

KATRIN BEDERNA

Alles wird gut?

FRANZISKANISCHE
INSPIRATIONEN ZUR KLIMAKRISE

echter

Herzlicher Dank geht an Anna-Maria Kufner, Eva Kasper und Marie-Therese Girerd für die sorgfältige Zuarbeit bei den Korrekturen und an die Sponsorinnen dieses Bandes.

Der Umwelt zuliebe verzichten wir bei unseren Büchern
auf Folienverpackung.

Bibliografische Information der Deutschen Nationalbibliothek
Die Deutsche Nationalbibliothek verzeichnet diese Publikation
in der Deutschen Nationalbibliografie; detaillierte bibliografische
Daten sind im Internet über ‹http://dnb.d-nb.de› abrufbar.

1. Auflage 2021
© 2021 Echter Verlag GmbH, Würzburg
www.echter.de

Umschlag: wunderlichundweigand.de
Umschlagfoto: Romolo Tavani/Shutterstock
Satz: Crossmediabureau, Gerolzhofen
Druck und Bindung: Friedrich Pustet, Regensburg

ISBN
978-3-429-05649-0
978-3-429-05167-9 (PDF)
978-3-429-06536-2 (ePub)

Inhalt

1. Alles wird gut?

„Wer jünger als sechzig ist, hat gute Chancen, Zeuge der radikalen Destabilisierung des Lebens auf der Erde zu werden – massiver Ernteausfälle, apokalyptischer Brände, implodierender Volkswirtschaften, gewaltiger Überschwemmungen, Hunderter Millionen Flüchtlinge aus Gegenden, die wegen extremer Hitze oder andauernder Dürre unbewohnbar geworden sind. Wer unter dreißig ist, wird fast garantiert Zeuge all dessen sein. Wenn unser Planet uns am Herzen liegt, und mit ihm Menschen und Tiere, die darauf leben, können wir zwei Haltungen dazu einnehmen. Entweder wir hoffen weiter, dass sich die Katastrophe verhindern lässt, und werden angesichts der Trägheit der Welt nur immer frustrierter oder wütender. Oder wir akzeptieren, dass das Unheil eintreten wird, und denken neu darüber nach, was es heißt, Hoffnung zu haben."

Jonathan Franzen, What if We Stopped Pretending? 8.9.2019[1]

Andrà tutto bene, alles wird gut! Diese Hoffnung leuchtete im Frühjahr 2020 auf dem Höhepunkt der ersten Coronawelle von italienischen Balkonen. Während die Trauer um die vielen Verstorbenen wuchs, gab und gibt es doch begründete Hoffnung für die Lebenden, gemeinsam das Virus zu besiegen.

Die ökologische Krise, um die es in diesem Buch geht, ist die größere. Während diese Zeilen geschrieben werden, wird prognostiziert, gegen Ende 2021 könnte das Virus unter Kontrolle sein. Selbst wenn jedoch weltweit ab heute nur noch so viel Treibhausgas ausgestoßen würde, wie von Pflanzen wieder gebunden oder industriell der Atmosphäre entzogen werden kann, würde die Klimakrise bis Ende des Jahrhunderts immer gravierender, denn sie verstärkt sich selbst, beispielsweise weil wärmere Ozeane weniger CO_2 speichern als normaltemperierte. Zudem werden die Treibhausgasemissionen der letzten Jahrzehnte noch lange ihre Wirkung entfalten. An die Corona-Pandemie werden unsere Enkelinnen und Urenkel vermutlich so denken wie wir Heutigen an die spanische Grippe. Die ökologische Krise wird hingegen das Leben vieler Generationen nach uns beeinträchtigen. Klimakrise, Artensterben und Süßwassermangel betreffen zudem alle Menschen, alle Tiere und Pflanzen und alle Landschaften. Die ökologische Krise ist folglich ungleich gewichtiger hinsichtlich der Zahl der Opfer, der Intensität der Schäden und nicht zuletzt hinsichtlich der Vielfalt der Gründe zu verzweifeln.

Alles wird gut?

Es ist spät. Vor 50 Jahren, als der Club of Rome 1972 den Bericht „Die Grenzen des Wachstums" veröffentlichte, wäre noch Zeit gewesen, mit einer großen Kraftanstrengung die Überschreitungen der planetaren Grenzen zu verhindern. Vor 30 Jahren, als in Rio 1992 die United Nations Conference on Environment and Development, der sogenannte Erdgipfel, tagte und die Klimarahmenkonvention verabschiedet wurde, war der Handlungsspielraum schon deutlich kleiner. Nun ist seit dem Weltklimagipfel in Paris 2015 (der 21. Conference of Parties zur Klimarahmenkonvention, genannt COP 21) und der zeitgleichen

Enzyklika *Laudato si'* von Papst Franziskus wieder mehr als eine halbe Dekade verstrichen und die Treibhausgasemissionen, der Landverlust, das Artensterben nehmen zu.

Jonathan Franzen zieht aus dieser Tatsache in seinem einleitend zitierten Essay eine irritierende Konsequenz: Wir sollten der Tatsache ins Auge sehen, dass Menschen nicht zu gemeinschaftlichem vernünftigem Handeln fähig seien und der Kampf gegen die Klimakrise verloren sei. Es sei zu spät. Statt die politische und individuelle Energie in die Minderung der Erderwärmung zu investieren, sollten alle Menschen versuchen, die Lebensbedingungen von Tieren und Menschen an vielen Orten ein wenig zu verbessern und sich gegen die nahende Katastrophe zu wappnen – so lange es noch geht. Die Welt zu retten sei vermessen und illusionär.

Diese These rief breiten Widerstand hervor. 50 Jahre lang erschien die ökologische Situation den meisten Menschen nicht schlimm genug, um für eine ökologische Transformation zu kämpfen. Und nun soll sie zu schlimm sein? Richtig an Jonathan Franzens Überlegungen ist dreierlei: Erstens ist die Klimakrise so weit fortgeschritten – in der Antarktis weiter als je prognostiziert – und sind die Maßnahmen zur Eindämmung so mickrig, dass es düster aussieht. Zweitens ist Klima nicht alles. Wenn der Klimawandel gebremst sein sollte, sind das Artensterben und der Landverlust, sind Hunger und Süßwassermangel dadurch noch nicht beseitigt. Und drittens ist die Idee der Weltrettung, die mit dem Versprechen, *alles* werde gut, einhergeht, zu groß. Sie ist im eigentlichen Sinn eine religiöse.

Zugleich aber ist Franzens Argumentation hochproblematisch: Erstens ist Klima zwar nicht alles, aber ohne klimatische Stabilität ist alles andere nichts. Der Klimawandel ist der größte Feind der Artenvielfalt, der Fruchtbarkeit des Landes, der Ernährungssicherheit und des Friedens. Es gibt viele gesellschaftliche und ökologische Probleme – doch fast alle werden sie verstärkt vom Klimawandel. Zweitens ist das Ziel der „Rettung der Welt" zwar in der Tat wortwörtlich verstanden überheblich. Es ist aber eine angemessene Metapher, die Größe der Aufgabe zu umschreiben. Es geht nicht um alles, aber doch um enorm vieles innerhalb unseres Horizonts, um Tiere und Pflanzen, um die menschliche Zivilisation. Deshalb beschreiten die meisten Klimaforscherinnen und Aktivisten den hier von Franzen gescholtenen Weg: Maja Göpel nennt ihr Buch *Unsere Welt neu denken* (2020). Trotz aller Dramatik ist ihr Tenor der einer *Einladung*: „Bleiben Sie freundlich und geduldig, aber bleiben Sie dran."[2] Luisa Neubauer und Alexander Repening erzählen in *Vom Ende der Klimakrise* eine *Geschichte unserer Zukunft* (2020): Es gebe sehr viel Grund für Frust und Wut. Doch sei das nur mehr Ansporn, „possibilistisch" die verbleibenden Möglichkeiten zu ergreifen.[3] Jedes Zehntelgrad Erwärmung, das *nicht* stattfindet, ist gewonnenes Leben. Drittens ist es nämlich schlichtweg unmoralisch, frühzeitig das Ende auszurufen. Es ist erst vorbei, wenn es vorbei ist.

Alles wird gut?

„Alles Gute für dich!" Dieses Geburtstagslied zeigt das genannte Dilemma zwischen notwendiger Hoffnung und abgeklärtem Realismus nach der Art Franzens verschärft: Wer das singt, verheißt das Gute – und verspricht singend mehr, als sie oder er halten kann. Im Lied verbirgt sich die Zusage: Es ist gut, dass du bist. Ich verspreche, mitzuhelfen, dass alles gut werde für dich. Ich werde nicht einwilligen in das Übel, das dir geschieht. Diesen Zusammenhang fasst Gabriel Marcel in den berühmten Satz: „Einen Menschen lieben heißt ihm sagen: Du wirst nicht sterben!" In der unbeirrbaren Solidarität für die anderen setzen wir praktisch, wenn auch gegen viele Fakten der Welt, dass Rettung möglich ist. Umgekehrt heißt, zu „akzeptieren, dass das Unheil eintreten wird" (Franzen), die anderen, die Zukünftigen, fallen zu lassen und es sich in seiner kleinen, noch heilen Welt bequem zu machen.

Aber singen wir „Alles Gute für dich!" nicht nur einfach so? Sind unsere Lieder nicht bloß nette Wünsche? Zeigen die Transparente an den italienischen Balkonen nicht einfach nur Durchhalteparolen? Vielleicht. Sind sie ernst gemeint, wird aus dem Wunsch ein Wille: der Wille, sich einzusetzen für alles hier mögliche Gute für dich.

Alles Gute!

Omne bene, Alles Gute, nennt die Franziskanerterziarin Angela da Foligno aus der Nachbarschaft Assisis um 1300 das Gegenüber ihrer mystischen Erfahrungen:

> „Und ich sah das Alles Gute. … Die Seele sieht nichts, was sie mit Worten oder mit dem Herzen fassen könnte. Sie sieht nichts und sie sieht alles ganz und gar. Ich setze meine Hoffnung in kein äußerlich beschreibbares oder vorstellbares Gut; meine Hoffnung ist in einem ganz und gar verborgenen, verschlossenen Gut, das ich mit so großem Dunkel erkenne."[4]

Dahinter steckt auch der gerade skizzierte Gedanke: Gott ist für Angela *Alles Gute* in Person und kann allein *alles* Gute realisieren. Der *Alles Gute* sei unvorstellbar und im Dunkel, weil er nicht begrenzt sei, weil er alles erfülle und durchdringe. Wer sich einsetzt für die anderen, wer hofft und verspricht, *alles* werde gut, der setzt implizit auf Gott, den oder die *Alles Gute*.

Diese Hoffnung kann man als Vertröstung missverstehen. Doch ist sie bei Angela, Franziskus, Klara und auch logisch das Gegenteil: Wer sich nicht einsetzt dafür, dass Gottes Liebe in der Welt wirklich wird, sondern nur auf Gott hofft, der *wünscht* nur alles Gute, *will* es aber nicht wirklich. Es gilt, sehr viel Schaden zu vermeiden, während wir auf *Omne bene* warten.

Das alles klingt vielleicht so, als seien wir zwar moralisch und religiös verpflichtet zu hoffnungsvollem Einsatz, doch sei die Sache eigentlich aussichtslos. Aber das ist nicht der Fall. Das Zauberwort Klimaneutralität ist mittlerweile in aller Munde – auch wenn noch niemand wirklich begriffen hat, wie das gehen wird. Es gibt viele, die sehen, dass ein neues Verhältnis zu Natur und Zukunft, eine andere Art zu wirtschaften, zu essen, zu wohnen, zu reisen, zu teilen notwendig sind. Sie sind nicht allein. Es gibt viele Mitstreiterinnen und Mitstreiter. Fast jedes Städtchen hat mittlerweile eine Klimagruppe, eine Radverkehrsinitiative, eine Gruppe von BUND oder Greenpeace. Man muss sie nur suchen oder gründen.

Das Buch, das Sie zur Hand genommen haben, ist kein Klimabuch im engeren Sinn. Es erklärt nicht, wie viel Tonnen Treibhausgas pro Kopf noch ausgestoßen werden könnten, bis die magische 1,5-C-Grenze der COP 21 von Paris überschritten wird. Es erläutert nicht, welche biologischen und sozialen Folgen die Erwärmung der globalen Erdtemperatur haben wird. Es fragt auch nicht, welche psychologischen und soziologischen Gründe dazu führen, dass so absurd wenig geschieht. Es stellt vielmehr spirituelle Fragen, denn die ökologische Krise ist auch eine spirituelle Krise. Eine Krise des eigenen Verhältnisses zu Tieren, Pflanzen, Menschen und Gott. Eine Krise von allgegenwärtigem Wachstumsstreben und fehlendem Schuldbewusstsein. Dabei gehe ich vom naheliegenden Gedanken aus, dass die franziskanische Tradition in dieser spirituellen Krise hilfreich sein könnte.

Das Buch beginnt mit einem Kapitel über die tätige Hoffnung darauf, dass doch noch alles gut werde. Christlicher Glaube lehrt diesbezüglich Bescheidenheit. Dass *alles* gut werde, würde auch die Rettung der Opfer der Vergangenheit umfassen und ist etwas, das Menschen nur klagend erbitten können. Vorher ist noch sehr viel anderes zu tun. Jede und jeder Einzelne kann politisch und alltagspraktisch an der notwendigen ökologischen Transformation mitwirken, auf dass es nicht noch schlimmer komme, vertrauend darauf, nicht allein zu sein. Dieses Vertrauen ist in der Perspektive christlichen Glaubens weder mit einer Glücks- noch mit einer Erfolgsgarantie verbunden. Jesus stirbt am Kreuz. Franziskus wählt das Sterben in Kreuzform auf dem Erdboden. Doch beide haben die Welt verändert.

2. Franziskus, Klara und das gute Leben

„Unsere Vision ist ein Amazonien, das alle seine Bewohner integriert und fördert, damit sie das ‚buen vivir' – das ‚Gute Leben' – dauerhaft verwirklichen können. Es ist jedoch ein prophetischer Schrei und mühsamer Einsatz für die Ärmsten notwendig. Denn obschon Amazonien vor einer ökologischen Katastrophe steht, muss darauf hingewiesen werden, dass ‚ein wirklich ökologischer Ansatz sich immer in einen sozialen Ansatz verwandelt, der die Gerechtigkeit in die Umweltdiskussionen aufnehmen muss, um die Klage der Armen ebenso zu hören wie die Klage der Erde'."

Papst Franziskus, Querida Amazonia, 2.2.2020

Was gehört zu einem guten Leben? Freundinnen und Freunde, Familie, ein Häuschen im Grünen, ein Auto oder auch zwei, Computer und Handy, Fleisch auf dem Grill, moderne Kleidung, Skifahren im Winter, zu Ostern ans Meer und im Sommer weit in die Ferne? Ist ein gutes Leben ein immer besseres Leben?

In der sozial- und kulturwissenschaftlichen Nachhaltigkeitsforschung spielt die Frage nach dem guten Leben eine bedeutende Rolle. Grund dafür ist, dass die zeitgenössischen ökologischen Probleme nicht allein technisch zu lösen sind. Es braucht zugleich einen kulturellen Wandel. Dieser setzt neue Vorstellungen von dem voraus, was ein gutes Leben ausmacht.

Politisch stehen die technischen Nachhaltigkeitsstrategien im Zentrum. Diese werden zusammengefasst unter den Begriffen *Effizienz* und *Konsistenz*. *Effizienz* (von lat. efficio, hervorbringen) umschreibt das Erreichen des Erstrebten (wie Mobilität oder ein warmes Haus) mit geringeren und nachhaltigen Mitteln, bspw. durch leistungsstärkere und verbrauchsärmere Technik oder durch Dämmung. *Konsistenz* (von lat. consisto, zusammentreten) beschreibt das möglichst konfliktfreie Zusammenspiel von menschlichem Handeln und natürlichen Prozessen und zielt auf ein Kreislaufsystem der Stoffe, ein System ohne Abfall. Dazu gehören bspw. die Versorgung mit erneuerbarer Energie sowie die Dauerhaftigkeit, Reparatur und Wiederverwertung von Gebrauchsgegenständen. Effizienz und Konsistenz sind nötig – stoßen jedoch an soziale Grenzen: Viele der Effizienzgewinne werden durch sogenannte Rebound-Effekte aufgezehrt oder gar überkompensiert, wenn bspw. zwar der Motor oder die Heizung effizienter, aber zugleich das Auto größer, schwerer und mehr gebraucht wird und die Wohnfläche pro Person zunimmt. Konsistenzgewinne stoßen auf neue Inkonsistenzen: Die Umstellung von fossiler auf erneuerbare Energie ist aus Klimagründen unabdingbar. Solar-, Wind- und Wasserkraftanlagen können jedoch u. a. die Artenvielfalt beeinträchtigen – auch wenn sie Menschen und Tiere weit weniger schädigen als der Klimawandel selbst. Zudem können wir in der zur Verfügung stehenden Zeit nicht so viel Energie erneuerbar erzeugen, wie aktuell fossil beansprucht wird. Es bedarf deshalb zusätzlich zur Effizienz und Konsistenz des *Weniger*. Dies umschreibt die dritte Nachhaltigkeitsstrategie, die *Suffizienz* (von lat. sufficio, ausreichen, genügen, imstande sein), also das *Maßhalten*, das *Genüge Finden* an weniger und anderen Dingen: weniger Energieverbrauch, weniger Konsum, weniger Mobilität, weniger Tempo, andere Ernährungsweisen, andere Wohnformen, andere Gärten. Zugleich gehört zur Suffizienz ein *Mehr*: mehr eigene Kreativität, bspw. im Gärtnern, Kochen, Tischlern und Reparieren, im Sinne der Verlängerung der Produktlebensdauer, der Verkürzung der Transportwege und der gemeinschaftlichen Widerstandsfähigkeit gegenüber der drohenden Krise. Mehr Teilen von Gebrauchsgegenständen wie Rasenmähern, Waschmaschinen, Autos, Kleidung (Kleidertauschmärkte) oder Büchern (Leihbibliothek), von Nahrungsmitteln (zu gut für die Tonne!) und Freizeitmöglichkeiten (öffentliches Schwimmbad statt Gartenpool).

Wer will schon suffizient leben?

Verzichten ist nicht chic. Kann ein suffizientes Leben ein gutes Leben sein? Wer will nicht das haben, was im eigenen Umfeld als normal gilt? Und ist nicht vieles schlichtweg notwendig: das Auto im Dorf mit schlechter öffentlicher Verkehrsanbindung, die Dienstreise nach Übersee, das neueste Handy? Besitz erleichtert das Leben und verschafft sozialen Status. Bestimmte Dinge nicht zu haben und zu tun, kann sozial ausgrenzen, von der Radfahrerin, die nicht überall gleich schnell und mit ähnlich feiner Kleidung wie die Autofahrenden hingelangt, bis zu demjenigen, der eine Stelle nicht annimmt, weil sie Pendeln verlangt und treibhausgasintensives Verhalten anderer unterstützt.

Viele Nachhaltigkeitsforscherinnen und -forscher halten dagegen: Suffizienz sei die zeitgemäße Form wahrhaft guten Lebens. Teilen und Tauschen, Arbeit in Gemeinschaftsgärten und Reparaturwerkstätten schenken neue Sozialkontakte. Wer selbst produziert, statt per Mausklick zu ordern, erfährt Selbstwirksamkeit, was zufrieden macht. Das Können und das Nicht-alles-Brauchen macht unabhängig von weltweiten Lieferketten, stärkt also die Sicherheit. Für weniger Konsum ist weniger Geld, also auch weniger Arbeitszeit nötig. Suffizienz kann deshalb zu Zeitwohlstand führen. Nicht zuletzt belegt die psychologische Glücksforschung, dass erhöhter Konsum ab einem bestimmten Niveau keinen Glücksgewinn mehr bringt. Konsumvermehrung kann sogar ins Gegenteil umschlagen, denn Besitz will bewahrt, vermehrt und beschützt werden. Die ersten Schritte zum Weniger verlangen Selbstbewusstsein und Unabhängigkeit von den Einschätzungen anderer. Je mehr Menschen aber mitmachen, desto einfacher wird es. Wie sich aktuell beim Vegetarismus und Veganismus unter Jugendlichen beobachten lässt, kann von unten die Vorstellung einer neuen Normalität entstehen, so dass plötzlich der zuvor normale Konsum rechtfertigungsbedürftig wird. Maßhalten ist eine Lebenshaltung und verspricht, wenn man nicht allein bleibt, ein zufriedeneres, glücklicheres, ein gutes Leben. Du glaubst gar nicht, was du alles nicht brauchst!

Was aber, wenn mich das Weniger-Haben, Weniger-Verbrauchen und Selbermachen nicht glücklich machen? Dann muss die Perspektive gewechselt werden, weg von der tugendethischen Frage nach dem guten Leben hin zur normativen: Welche Handlung, Lebensform und Wirtschaftsweise lässt sich mit guten Gründen rechtfertigen?

Gerechtfertigtes Handeln?

Für die Antwort spielt es klimaethisch kaum eine Rolle, ob man utilitaristisch argumentiert, also die Folgen abschätzt, oder kantisch nach der Verallgemeinerbarkeit der handlungsleitenden Maxime fragt: Vieles von dem, was individuell Glück verspricht, wird zur Bedrohung, wenn es alle tun. Das, was einleitend als gutes Leben skizziert wurde, ist nicht verallgemeinerbar, ohne die ökologischen Grundlagen guten Lebens für alle zu zerstören. Was einleitend als gutes Leben skizziert wurde, ist nicht nachhaltig, denn eine Lebensform oder Wirtschaftsweise ist nur dann nachhaltig, wenn sie so mit der Natur umgeht, dass sie von jeder und jedem anderen überall und immer wiederholt bzw. geteilt werden kann.

Das ist breiter Konsens unter Ethikerinnen und Ethikern. Nur scheinen der Wille und die Tatkraft, das als sittlich richtig Erkannte zu tun, in Nachhaltigkeitsfragen nicht sehr weit verbreitet zu sein. Auch politisch ist kaum mehr strittig, dass die Überschreitung der planetaren Grenzen ein gravierendes zukunftsbestimmendes und zu bearbeitendes Problem darstellt. Strittig ist hingegen, ob nicht doch rein technische Strategien ausreichen und ob es nötig, wünschenswert und demokratisch durchsetzbar ist, Strukturen so zu transformieren, dass es für alle naheliegend wird, suffizienter zu leben.

Wenn das Wissen und die Erkenntnis des ethisch Gebotenen nicht zum Handeln führen, kann es vielleicht helfen, sich Lebensmodelle der Tradition vor Augen zu führen. Ihre Sicht auf die Dinge kann das, was man selbst für normal hält, unterbrechen und hinterfragen. Ihre Sicht auf

19

die Dinge kann zeigen, dass gutes Leben vielleicht auch anders geht.

Modelle anderen guten Lebens

Papst Franziskus nennt zu Beginn des einleitend zitierten apostolischen Schreibens *Querida Amazonia* als Vorbild einer traditionellen nachhaltigen Lebensweise ein Beispiel, das in Nachhaltigkeitskontexten immer wieder erwähnt wird: das *Buen vivir*, das Gute Leben oder wie es auf Quechua heißt *Sumak Kawsay*. Es bezeichnet eine Welt- und Lebenssicht indigener Völker des Anden- und Amazonasgebiets. *Buen vivir* betrachtet die Menschen als einen Teil der gesamten Natur, in die sie verflochten sind und die sie trägt. Es ist wachstums- und entwicklungskritisch, verbunden mit dem Widerstand gegen die Ausbeutung des Amazonasgebiets durch die Ölindustrie und gegen den Anbau von Soja, das wiederum u. a. als Kraftfutter für die europäische Intensivtierhaltung exportiert wird. In Ecuador genießt *Buen vivir* Verfassungsrang:

> „Die Natur oder Pacha Mama (Mutter Erde), in der das Leben stattfindet und sich reproduziert, hat das Recht, in ihrer Existenz durch Erhalt und Regenerierung ihrer Lebenszyklen, Struktur und Funktionen und Entwicklungsprozesse ganzheitlich respektiert zu werden."[5]

Buen vivir ist kein Konzept zum Schutz der Umwelt, sondern ein Konzept der gemeinsamen Welt. Es ist, wie auch Papst Franziskus oben schreibt, kein ökozentrisches Konzept. Es behauptet nur, niemand könne gut leben, wenn Tiere und Pflanzen dies nicht auch können.

Zwischen *Buen vivir* und der Weltsicht des Franziskus von Assisi gibt es erstaunliche Parallelen: in der Sicht der Erde, der Tiere, des Geldes. Diese und andere klimaethisch relevanten Lebensbereiche werden in den folgenden Kapiteln aus franziskanischer Perspektive skizziert. Was also gehört zu einem guten Leben? Kann die Antwort von Franziskus und Klara darauf heute inspirieren?

Der Tausch

Sie wundern sich über die Zusammenstellung von Franziskus, Klara und einem guten Leben? Ihr Leben war schließlich hart, materiell arm, Krankheiten waren häufiger Gast. Ihr Lebensstil war erkämpft und blieb zeitlebens umstritten. Doch Franziskus selbst erzählt den Beginn seines Ausstiegs im ersten Satz des *Testaments* als *Tausch des Bitteren in Süßes*. Die Adjektive *bitter* und *süß* bezeichnen dabei beide das neue Leben. Das Leben der kompromisslosen Erniedrigung ist gemessen am Üblichen, Normalen bitter. Nun ist es süß. Getauscht wird also nicht nur der Lebensstil. Getauscht werden die Bewertungskategorien. Als Paradigma dieses Tausches erzählen die Quellen die Zuwendung zu den Aussätzigen. Der Kuss der Hand des Leprösen wird zur Metapher des normalerweise abstoßenden und doch guten Lebens:

> „So hat der Herr mir, dem Bruder Franziskus, gegeben, das Leben der Buße zu beginnen: denn als ich in Sünden war, kam es mir sehr bitter vor, Aussätzige zu sehen. Und der Herr selbst hat mich unter sie geführt, und ich habe ihnen Barmherzigkeit erwiesen. Und da ich fortging von ihnen, wurde mir das, was mir bitter

vorkam, in Süßigkeit der Seele und des Lebens verwandelt." (Test 1–3, FQ 59)

Die *Dreigefährtenlegende* erzählt dann, anlässlich der Begegnung mit dem Aussätzigen sei auch das alte Leben zu einem verachtenswerten geworden, habe sich also das *Süße in Bitteres* verwandelt:

> „Als er eines Tages innig zum Herrn betete, wurde ihm geantwortet: ‚Franziskus, alles, was du fleischlich geliebt und zu haben gewünscht hast, musst du verachten und hassen, wenn du meinen Willen erkennen willst. Wenn du nachher zu tun beginnst, was dir bisher angenehm und süß erschien, wird es dir unerträglich und bitter sein, und was dich vorher erschaudern ließ, wird dir große Süßigkeit und immenses Glück bescheren.'" (Gef 11, FQ 617f)

Im *Sacrum Commercium* sind schließlich alle, die nicht das bequeme Leben gegen die neue Süße tauschen, die Dummen. Franziskus fragt sie, die „Großen und Weisen", wo er denn die Armut finden könne. Und mit den Büchern Kohelet und Weisheit lässt die Erzählung sie antworten:

> „Uns aber bleibt, die Üppigkeit auszukosten und Überfluss zu haben an Reichtum; denn *kurz und traurig ist unser Leben; für das Ende des Menschen gibt es keine Arznei*. Denn wir kennen nichts Besseres als vergnügt zu sein, zu essen und zu trinken, solange wir leben. Als der selige Franziskus das hörte, wunderte er sich in seinem Herzen …" (SC 1, FQ 662)

Sacrum Commercium kann man übersetzen als *heiliger Tausch*, Tausch von Üppigkeit gegen Armut, von vergnügtem

22

Konsum gegen das gute Leben, als Tausch der Bewertungskategorien. Dieser Tausch folgt der paulinischen Umkehrung der Normalität: „Denn die Weisheit dieser Welt ist Torheit vor Gott" (1 Kor 3,19). Die Franziskus-Quellen übersetzen *Sacrum Commercium* als *geheiligten Bund* mit der Herrin Armut. Diesen Bund schließen Franziskus und Klara wohl kaum, *um* gut zu leben, auch wenn ihnen das neue Leben süß erscheint. Sie schließen ihn wohl auch nicht, *um* soziale Gerechtigkeit zu befördern, auch wenn sie auf diesem Weg soziale Schranken und Hierarchien durchbrechen. Sie schließen ihn nicht aus ökologischen Gründen, auch wenn die Geschwisterlichkeit mit Tieren, Pflanzen und der Erde zur neuen Süße gehört. Vielleicht könnte man sagen: Sie schließen den Bund mit der Armut, weil sie die Nächsten, die Tiere, die Pflanzen und Gott plötzlich mit anderen Augen sehen. Sie schließen ihn, weil sie Jesus folgen. Im Bund mit der Herrin Armut spiegelt sich der Bund mit Gott.

Was hat das mit der Klimakrise zu tun?

Noch einmal kurz gesagt: Um die Klimakrise einzudämmen, bedarf es neben Effizienzsteigerung und konsistenten Abläufen auch des *Weniger* und *Anders*. Dazu muss die Vorstellung von dem, was normal ist, gewechselt werden. Das tun Menschen in westlichen Gesellschaften ständig. Wir tauschen ständig das gute Leben gegen das immer bessere. Was gestern noch Luxus war, ist heute normal: zum Frühstück die Frucht aus Übersee, Besitz eines Autos und zahlloser Haushaltsgeräte, vielfältige Kleidung, Flugreisen, Computer und Smartphone. Nötig ist, diesem Tausch eine andere Richtung zu geben. Nötig ist nicht, auf das Notwendige zu verzichten, wie Franziskus es tut. Es bedarf jedoch gesellschaftlicher Diskurse darüber, was notwendig ist, was normal sein soll – und was nur für normal gehalten wird, aber pervers ist, weil es allen den ökologischen Boden entzieht. Nötig sind Gruppen, die die Perspektive tauschen und kreativ vorleben, dass vermeintlich Bitteres süß sein kann: kein Auto, geteilte Küchen, Fahrradreisen von zuhause aus, politischer Einsatz gegen Parkplätze und Betonbauten, für Regionalisierung und handwerkliche Bildung, für Anbaumethoden, die CO_2 binden …

Man braucht dafür Franziskus und Klara nicht. Es reicht die Einsicht, dass das Süße zu Bitterkeit führt, weil es auf Ausbeutung der Ärmsten und der Natur beruht. Aber beide können dazu inspirieren: Wir dürfen uns Franziskus und Klara als glückliche Menschen vorstellen.

3. Armut und die Herrin Wachstum

„Dennoch haben wir uns immer und immer wieder freiwillig unserer heiligsten Herrin Armut verpflichtet, damit nach meinem Tod die Schwestern, die jetzigen und die künftigen, in keiner Weise von ihr abweichen könnten. Und wie ich selbst immer bedacht und besorgt war, die heilige Armut, die wir dem Herrn und unserem seligen Vater Franziskus versprochen haben, zu halten und die anderen Schwestern dazu anzuhalten, so sollen auch jene, die mir im Amt nachfolgen, bis zum Ende verpflichtet sein, die heilige Armut mit Gottes Hilfe zu beobachten und von den anderen beobachten zu lassen. … Um der Liebe jenes Gottes willen, der arm *in die Krippe gelegt* wurde, arm in dieser Welt lebte und nackt am Marterholz verblieb."

KlTest 39−41.45, KQ 80f

Der Markenkern der klareanischen und franziskanischen Gemeinschaft ist die Armut. In den obigen Zeilen ihres Testaments hämmert uns Klara dies geradezu ein: Armut ist das Zentrum der Nachfolge Jesu, der arm war von der Krippe bis zum Kreuz. Wenn wir uns von Klara und Franz inspirieren lassen wollen, muss deshalb nach der „heiligen Herrin Armut" gefragt werden.

Im vorigen Kapitel wurde die Notwendigkeit der Suffizienz für eine Begrenzung der ökologischen Krise skizziert. Suffizienz ist nicht Armut. Suffizienz heißt, genug zu haben, sich aber nicht mehr als genug zu nehmen. Fehlende Suffizienz ist ein Grund unfreiwilliger Armut anderer.

Was hat es mit der freiwilligen franziskanischen Armut auf sich? Dient sie der Selbstbeherrschung? Ist sie eine Form der Weltverneinung? Nützt sie jemandem? Ist sie Selbstzweck? Und können wir in der ökologischen Krise irgendetwas von ihr lernen?

Franziskus sucht

Die Quellen erzählen die Wahl eines armen Lebens als Suchprozess. Franziskus hebt im Testament zwei Stationen dieser Suche hervor: Erstens, wie oben zitiert, die Begegnung mit dem Aussätzigen und den Tausch des Bitteren in Süßes (vgl. Test 1–3, FQ 59), zweitens die Fokussierung der wachsenden Entscheidung durch das Lesen der Evangelien (vgl. Test 14, FQ 60). Die Dreigefährtenlegende schildert, wie Pietro, Bernhard und Franziskus die *sortes evangelicae* praktizieren, eine zufalls- (oder nach Franziskus gott-)geleitete Textauswahl:

„Nach dem Gebet ergriff der selige Franziskus das geschlossene Buch, kniete vor dem Altar nieder und öffnete es. Beim ersten Öffnen stieß er auf jenen Rat des Herrn: ‚Wenn du vollkommen sein willst, geh und verkaufe alles, was du hast, und gib es den Armen, und du wirst einen Schatz im Himmel haben!‘ Als der selige Franziskus dies erfahren hatte, freute er sich sehr und sagte Gott Dank. Weil er aber ein wahrer Verehrer der Dreifaltigkeit war, wollte er eine dreimalige Bestätigung erfahren und öffnete das Buch ein zweites und ein drittes Mal. Beim zweiten Mal fand er das Wort: ‚Nehmt nichts mit auf den Weg …‘ usw. Beim dritten

Mal: „Wer mir nachfolgen will, verleugne sich selbst …'
Der selige Franziskus sagte bei jedem Öffnen des Bu-
ches Gott Dank für die Bestätigung seines Vorsatzes …"
(Gef 29, FQ 628)

Historisch steht zwischen beiden Ereignissen die Markt-
platzszene in Assisi: die Rückgabe des Geldes und der
Kleidung, die Franziskus gerade trug, an den Vater. Wie
in einem Theaterstück inszeniert Franziskus hier stadtöf-
fentlich, vor Bürgerinnen, Bürgern und Kirchenvertre-
tern, was er will: nackt dem nackten Jesus folgen, *nudus
nudum christum sequi* (vgl. Gef 20, FQ 623).

Wie lebte Jesus selbst?

Jesus lebte nicht wie Johannes in der Wüste. Er hatte einen Rückzugsort in Kafarnaum (Mt 4,12f; 9,1). Von dort
brach er auf zu seinen Wanderungen und Reisen. Unterwegs war er zu Gast. Oft erzählen die Evangelien von
Gastmählern, an denen Jesus teilnahm. Die Armut Jesu
war also keine Weltabgewandtheit. Sie diente auch nicht
wie die der antiken Kyniker der eigenen Selbstbestätigung.
Sie machte frei von der Bindung an Besitz, „denn wo dein
Schatz ist, da ist auch dein Herz" (Mt 6,21; vgl. Lk 16,13).
Sie machte frei für die Zuwendung zu den Armen. Frei
für das Reich Gottes.[6]

Nachfolge

Die Armut Jesu wurde in den verschiedenen Epochen der
Geschichte des Christentums unterschiedlich nachgeahmt.

Vorbildlich wurden vor allem die frühen Eremitinnen und Eremiten, die asketische Höchstleistungen vollbrachten, und das benediktinische Modell individueller Armut und gemeinschaftlichen Besitzes in einer klösterlich autarken Lebenswelt. Ende des 12. Jahrhunderts, als Franziskus die Worte Jesu zur Besitzlosigkeit (vgl. Mt 19,21; Lk 9,3.23; Mt 16,24) als direkt an ihn gerichteten Hinweis verstand, war die benediktinische Armut in gewisser Weise unzeitgemäß geworden: Bildung war nicht länger ein Privileg der Klöster. Stadtschulen widmeten sich der Alphabetisierung der Laien. Boomende Städte, Fernhandel und Geldwirtschaft hatten die Natural- und Feudalwirtschaft abgelöst und ein selbstbewusstes Bürgertum hervorgebracht. Zu dieser neuen städtischen Elite gehörte auch Franziskus als Sohn eines internationalen Tuchhändlers. Die neue Profitwirtschaft führte zugleich zu neuem Elend. Sie machte reich und arm. In dieser Situation wählten Menschen aller Schichten der Gesellschaft des Hoch- und Spätmittelalters Armut als Lebensform. Ihre Armut ist von der erzwungenen Armut zu unterscheiden, aber auf sie bezogen. Sie entspringt einem neuen Verständnis der vita apostolica, also der Lebensform Jesu und seiner Jüngerinnen und Jünger. Nicht mehr die stabile Klostergemeinschaft jenseits der Welt, sondern Armut, Buße und Predigt, wandernd durch die Welt, sind jetzt die Antwort auf die Zeichen der Zeit: „Die Brüder führten sie [die Herrin Armut] auf einen Hügel, zeigten ihr die ganze Welt, soweit man sehen konnte, und sprachen: Das ist unser Kloster, Herrin!" (SC 30, FQ 683).

Zu den Hauptakteuren dieser Armutsbewegung gehören Waldes und seine Anhänger, Franziskus, Klara und die um sie entstehenden Orden, die Beginen und die Dominikaner. In diesen Kontext gehört auch die neue europäische mystische Theologie, insbesondere die vier Evangelistinnen der Mystik des 13. Jahrhunderts, die Beginen Hadewijch von Antwerpen, Mechthild von Magdeburg und Marguerite Porete sowie die Franziskus nahestehende Angela da Foligno.

Fünfmal Armut

Fünf Aspekte prägen diese neue selbstgewählte Armut: Erstens ist sie eine *Lebensform des Verschenkens.* In einer ökonomischen Logik müsste man vielleicht sagen, der Nutzen hinsichtlich materieller Versorgung der Armen wäre größer gewesen, würde nicht alles verschenkt, sondern bspw. ein Krankenhaus gegründet. Genau das war übrigens laut einer Befragung der Nürnberger Jesuitenmission die Reaktion vieler Armer auf den Wunsch Papst Franziskus' im apostolischen Schreiben *Evangelii Gaudium,* die Kirche solle „arme Kirche für die Armen" sein (EG 198). Es ist nicht so, als hätte es solche in üblichen Kategorien sinnvolle Nutzung nicht gegeben, und heute ist sie vermutlich die dominierende. Im Zentrum der theologischen Armut steht jedoch nicht der einzelne soziale Nutzen, sondern die Umkehrung der Verhältnisse – die wieder sozial wirkt.

Die theologische Armut des Franziskus und aller, die in seiner Tradition stehen, ist also zweitens eine *Lebensform der Revolution.* Es werden nicht nur die materiellen und sozialen Schranken gegenüber den unfreiwillig Armen eingerissen, so dass eine Begegnung auf Augenhöhe möglich ist. Vielmehr wird die Begegnung von oben zu einer von unten: Franziskus küsst den Aussätzigen.

Diese Armut ist somit drittens *gesellschafts- und kirchen-kritisch, sozial- und ökonomiekritisch.* Durch das Verschenken bzw. die Rückgabe allen Besitzes durchbricht sie symbolisch die Ordnung, die die Armen arm gemacht hat. Der Kaufmannssohn Franziskus und die Adelige Klara verweigern sich den Plänen und Logiken, denen ihre Familien folgen, so dass der Vater Franziskus verklagt und die Männer der Burg Klara und später ihre Schwester gewaltsam zurückholen wollen. Sie verweigern die Logik des Geldes, weil es nicht mehr nur einfach dem Tausch dient, sondern der Anhäufung, dem *Immer Mehr* (vgl. NbR 2, FQ 71). Diese neue Armut folgt keiner Ökonomie des Habens, sondern, wie es David Flood formuliert, einer *Ökonomie des Dienens:* „Sie sollen vielmehr Mindere und allen untergeben sein, die im gleichen Hause sind" (NbR 7, FQ 75). Diese Armut greift das System nicht direkt an, stellt aber praktisch die Systemfrage. Nur deshalb gab es die historischen Kämpfe um das Privileg, arm sein zu dürfen.

> „Herr, wenn wir irgendwelche Besitztümer hätten, bräuchten wir Waffen zu unserem Schutz. Daraus entstehen Rechtsfragen und Streitereien, und in der Folge wird die Gottes- und Nächstenliebe gewöhnlich vielfach verhindert. Deshalb wollen wir in dieser Welt lieber nichts besitzen." (Gef 35, FQ 631)

So argumentiert Franziskus gegenüber dem Bischof von Assisi. Die selbstgewählte theologische Armut ist viertens eine *Lebensform der Freiheit:* Armut macht frei von der Angst um den Besitz, seine Mehrung und seinen möglichen Verlust, frei von Gewalt, die notwendig ist, den Besitz zu verteidigen. Das „irdische Gut macht unfrei, wenn man es annimmt, es macht aber vollkommen frei, wenn man es verschenkt"[7], wie es Mechthild von Magdeburg später zusammenfasst. Aber es geht nicht nur um das irdische Gut. Es geht auch um die Armut an Wollen (Gehorsam) und Ehre (Spott ertragen). Es geht zuletzt sogar um die Armut von der Armut – denn Armut ist kein „Markenkern" im Sinne von etwas, das man haben und worauf man stolz sein dürfte. Die neue Armut macht unabhängig und offen für die ganze Welt. In diesem Sinn dichtet der Franziskaner Iacopone da Todi, wie Mechthild zwei Generationen nach Franziskus:

> „Armut, das ist nichts zu haben / und kein einzig Ding zu wollen / und ein jedes zu besitzen / im Geist der Freiheit" – „Povertat'è null'avere / e nulla cosa poi volere / e onne cosa possedere / en spirito de libertate."[8]

In christozentrischen mystischen Theologien wie der franziskanischen und klareanischen ist Armut Form der Nachfolge, genauer: der *Imitatio Christi*, bis hin zum Empfang der Stigmata, nackt auf dem Boden liegend (vgl. 1 C 94f, FQ 256). Das Motiv der Armut als körperlich durchlebter Nähe zu Jesus findet sich wieder in der Passions- und Brautmystik. In vielen mystischen Theologien, wie hier bei Marguerite Porete, wird der Gedanke der Einheit mit dem armen Jesus schließlich überstiegen zu einer Armut, die sich selbst und sogar Gott loslässt:

> „Sie hält nichts für sich zurück in ihrem eigenen Nichts, denn ihr genügt, dass Er ist und sie nicht ist. Nun ist sie nackt, ledig aller Dinge, denn sie ist selbst ohne Sein da, wo sie war, bevor sie war."[9]

Fünftens ist theologische Armut also eine *Relativierung oder Nichtung des Selbst*, aller Glaubensinhalte und erhebenden frommen Gefühle und darin Gottes Gegenwart.

Können wir in der ökologischen Krise irgendetwas von dieser Armut lernen?

Suffizienz ist das ethische Gebot der Gegenwart. Franziskanische Armut ist nicht nur die große Schwester der Suffizienz. Diese Armut ist eine radikale und irritierende Nachfolge Jesu. Statt *genug!* ist ihr Leitwort *frei von*. Sie macht frei für die Gottesherrschaft und ist solidarisch mit den unfreiwillig Armen. Sie macht Karriere nach unten und findet dort vielleicht Gott. Sie entsichert Leben und Glauben. Statt nur das ethisch Notwendige und pragmatisch Naheliegende zu tun, stellt sie gleich alles auf den Kopf: Die sozialen Hierarchien genauso wie die ökonomische Logik.

Auf heute bezogen ist diese Armut nicht Gegenspielerin des Reichtums (das sicher auch). Sie ist vor allem *Gegenspielerin des Wachstums*, der Logik, dass alles immer mehr werden muss. Diese Wachstumslogik bestimmt die westlichen Gesellschaften. Und sie bestimmt die Lebensformen ihrer Bürgerinnen und Bürger, von immer neuer Markenkleidung der Kids (sonst droht ja Mobbing) bis zu immer weiter kreuzfahrenden Rentnerinnen und Rentnern (man muss ja noch die Welt sehen), von wachsenden Wohnungen und Autos bis hin zum Zwang zum lebenslangen Lernen. Als Kind stimmte es mich zuversichtlich, wenn in den Nachrichten vom Wirtschaftswachstum die Rede war. Das schien irgendwie eine gute Nachricht zu sein. Es gibt gute Gründe, dies heute zu bezweifeln: Wachstum hat, solange es nicht rein nominell ist, immer eine materielle Basis. Es lässt sich nicht von Ressourcen entkoppeln. Wachstum ist nur möglich, wenn auf der anderen Seite etwas schrumpft: naturnahe Lebensräume,

Vielfalt und Anzahl der Tiere, die klimatische Stabilität, das gute Leben im globalen Süden und für die kommenden Generationen. Die franziskanische Armut entzaubert dieses Immer-Mehr und Immer-Größer. Sie stellt es bloß, bis es ganz nackt dasteht und die Gier zeigt, die es ausmacht, den Schaden, den es anderen aufbürdet. Wie schon gesagt: Die Armut des Franziskus stellt – so unpolitisch sie auch sein mag – die Systemfrage.

4. Gut für wen?

> „Wie wird es uns Elenden ergehen, die mit so großem
> Überfluss Missbrauch treiben!"
>
> Vita des Franziskus, 2 C 63, FQ 335

In der Nacht auf den 2. Januar 2019 verlor die MSC Zoe, damals eines der größten Containerschiffe der Welt, in einem Sturm nordwestlich von Borkum 342 Container. Kühlschränke, Körbe, Plastikspielzeug, Flachbildschirme, Sandalen, Batterien ... Eine Auswahl gebräuchlicher Konsumobjekte für den hiesigen Markt überschwemmte die Strände von Terschelling, Ameland und Borkum. Im Sommer beim Strandspaziergang klaubten wir – neben dem jährlich zunehmenden Strandplastik – Winterjacken aus dem Sand, rosa und hellblau wattierte Kinderwinterjacken, hundert Prozent Synthetik.

Nun könnte man sagen: „So ein Unfall passiert und es ist auch schon wieder aufgeräumt!" – auch wenn diese Einschätzung den Teil der Fracht ignoriert, der als Mikroplastik wiederkehrt oder vorher noch Austernfischerinnen und Austernfischer und Seehunde tötet. Man könnte auch großen Schiffen eine andere Schiffsroute empfehlen, wie es die Untersuchungskommission der Havarie tut. Lassen Sie uns zur Abwechslung grundsätzlicher fragen: Warum schippert all dieses Zeug um die halbe Welt? Mit dem Klimawandel hat das insofern zu tun, als Energie und Fläche für die Herstellung, den Transport, den Gebrauch und später für die Entsorgung verbraucht werden. Ein Teil des Zeugs geht als „Müll" erneut auf große Fahrt, zurück in den globalen Süden.

Auslagerung

Haben Sie sich auch schon mal darüber gewundert, dass trotz allen Konsums die Flüsse bei uns im Vergleich zu den 1970ern wieder sauberer werden, dass es noch Wälder zum Spazierengehen gibt und die Vögel im Garten singen, während aus dem globalen Süden von Umweltkatastrophen zu hören ist? Natürlich sieht das Bild für die, die im Hochhaus an einer Ausfallstraße, in der Flugschneise eines Flughafens, am hubschraubergespritzten Weinhang oder in der Nähe einer Schweinemastanlage leben, etwas anders aus. Auch die, die Auspuffgase anderer auf dem Radweg zur Arbeit inhalieren, werden die Lage nicht ganz so entspannt sehen. Im Großen und Ganzen aber scheint doch unsere Umwelt halbwegs intakt, selbst wenn wir den Rückgang der Insekten und anderer wildlebender Tiere bemerken und uns der rissige Boden und die Baumleichen im fünften Dürrejahr in Folge irgendwie beunruhigen.

Diese Wahrnehmung liegt zum einen an einem Phänomen, das Umweltpsychologen *shifting baselines* nennen: Ökologische Krisen kommen teils so langsam, dass sie lange nicht auffallen, weil sich mit ihnen der Maßstab verschiebt: Wie viele Tiere, wie viele unversiegelte Flächen, welche Sorte von Sommern ist normal? Wer aus den 1950er Jahren ins Heute spränge, würde erschrecken. Zum anderen beruht die wundersame ökologische Ruhe des globalen Nordens auf einem Phänomen, das der Soziologe Stephan Lessenich mit dem Begriff „Externalisierung", also Auslagerung beschreibt.

„Die reichen, hochindustrialisierten Gesellschaften dieser Welt lagern die negativen Effekte ihres Handelns auf

Länder und Menschen in ärmeren, weniger ‚entwickelten' Weltregionen aus. … Den Leuten in der Externalisierungsgesellschaft geht es gut, weil andere den Gürtel enger schnallen, weil anderswo Verzicht geübt wird – und zwar dauerhaft und ständig. … Die reichen Länder zapfen die Ressourcen der armen an – sie importieren die dort angebauten und geförderten Rohstoffe, nicht aber die mit deren Produktion entstehenden Lasten für Natur und Lebenswelt. … Wir leben auf Kosten anderer – und zwar in letzter Instanz auf Kosten ihres Lebens. Was immer der ökonomische Liberalismus uns und den anderen erzählen mag: Produktivität ist kein Wunder, Fortschritt ist nicht universell, die reduzierten Lebenschancen an den Peripherien des Wohlstandskapitalismus sind kein Zufallsprodukt. Die erstaunliche und erstaunlicherweise immer weiter wachsende Produktivität der hiesigen Wirtschaft beruht maßgeblich auf der systematischen Ausbeutung der stofflichen Ressourcen und des physischen Arbeitseinsatzes – von Mensch und Natur – in anderen Teilen der Welt."[10]

Stellen Sie sich vor, alles, was in unserem Land gegessen, verbaut oder anderswie konsumiert wird, müsste bei uns produziert werden, inklusive Pestizideinsatz und Arbeitskräften! Die Fläche würde nicht reichen. Es würde äußerst dreckig. Es würde sehr anstrengend. Und die nationale Klimaneutralität würde unerreichbar. Viele der ökologischen und sozialen Folgen des Lebensstils im globalen Norden lassen sich – welch Glück für uns – auslagern.

Oben wurde in Anlehnung an den kategorischen Imperativ Kants definiert, eine Lebensform oder Wirtschaftsweise sei nachhaltig, wenn sie so mit der Natur umgeht, dass sie von jeder und jedem anderen überall und immer wiederholt bzw. geteilt werden könnte. Die Lebens- und Wirtschaftsweise in Externalisierungsgesellschaften ist, auch darauf weist Lessenich hin, genau das Gegenteil: Sie kann prinzipiell nicht von allen geteilt werden. Sie braucht ein Außen, in das Umweltzerstörung, Gifte und dreckige Arbeit abgeschoben werden können.

Moral und Politik

„Wie wird es uns Elenden ergehen, die mit so großem Überfluss Missbrauch treiben!" So lässt Thomas von Celano den Bischof von Ostia angesichts der Lebensweise des Franziskus und seiner Brüder irritiert rufen. Auch das Leben in der Externalisierungsgesellschaft müsste solchen Schrecken hervorrufen. Aus soziologischer statt moralischer Warte hält Lessenich hingegen fest: Wir leben nicht auf Kosten anderer, weil wir so böse wären (vielleicht auch das).

> „Vielmehr externalisieren wir, weil wir es *können*: weil gesellschaftliche Strukturen uns dazu in die Lage versetzen, weil soziale Mechanismen es uns erlauben, weil die allgemeine Praxis um uns herum uns darin bestätigt. In gewisser Weise externalisieren wir aber auch, weil wir *nicht anders können*: weil gesellschaftliche Strukturen uns dazu nötigen, weil soziale Mechanismen uns dazu treiben, weil die verallgemeinerten Praktiken unserer sozialen Umwelt uns dazu veranlassen."[11]

Nötig sei weniger eine moralische als vielmehr eine politische Umkehr. Es reicht nicht, suffizient oder gar arm zu leben. Firmen, Handelsketten, Landwirtschaft, Bauwirtschaft etc., müssen transformiert werden. Viele warten geradezu darauf, dass politische Regeln geschaffen werden, die allen vorschreiben, anders und anderes zu produzieren: Vom Ende der Ausnahmen für Neonicotinoide in der Landwirtschaft bis zur Beschränkung der erlaubten Transportdauer für Tiere, von einem strikten ökologischen Lieferkettengesetz bis zur Nicht-Genehmigung von Flugslots. Allerdings leben wir glücklicherweise in einem demokratischen System. Hier braucht die Transformation viele Menschen, die die ersten Schritte gehen, die diskursiv herausfinden, was genau zu tun ist, und die diejenigen wählen, die Strukturen politisch anbahnen, in denen alle anders können. In der Perspektive des Franziskus scheint dieses kollektive Vorangehen für Christinnen und Christen selbstverständlich: Die Armen sind der Spiegel Jesu (vgl. Per 114, FQ 1197). Glauben heißt, ihnen zu dienen. Nachfolge bedeutet, dem System, das die Armen arm macht, den Spiegel vorzuhalten, auf dass seine Nutznießer erschrecken: „Wie wird es uns Elenden ergehen …!".

Die zukünftige Vergeltung, von der der Bischof von Ostia hier spricht, ist eine eschatologische. Erst dann werden die Ersten die Letzten sein. Auf Vergeltung müssen wir Heutigen wohl nicht ganz so lange warten. Sie kommt völlig säkular schon jetzt. Anders gesagt: Die Klimakrise ist – anders als die Externalisierung – nicht notwendigerweise eine Frage der Ethik. Sie ist eine Frage der Klugheit: Klimaschutz ist Eigennutz. Oder, nicht so schön gereimt, aber genauer gesagt: Den Treibhausgasausstoß auf Netto null zu reduzieren, ist schlau. Es ist gut für die anderen, aber eben auch *gut für uns*. Dem Klima zu schaden, ist dumm. Vielleicht taugt die Klimakrise gerade deshalb für eine Massenbewegung wie Fridays for Future: „Wir sind hier, wir sind laut, weil ihr *uns* die Zukunft klaut."

Externalisieren in die Zukunft

Die rosa Winterjacken sind ein Bild dafür, wie die Kosten des Überflusses doch noch den globalen Norden treffen. Das haben sie mit der Klimakrise gemein. Der Ausstoß von Treibhausgasen für den hiesigen Konsum lässt sich teilweise externalisieren, so dass die nationale Klimabilanz besser aussieht. Die Erhöhung der globalen Jahresmitteltemperatur lässt sich hingegen nicht externalisieren. Sie ist global und trifft alle.

Doch auch das war nicht genau: Die Klimakrise trifft alle, aber sie trifft nicht alle gleichermaßen. Es gibt Ungleichheit im Unglück. Die Armen im globalen Süden haben weniger Möglichkeiten sich gegen die Klimakrise zu schützen, also Deiche, Pump-, Klär- und Klimaanlagen zu bauen. Sie haben weniger Möglichkeiten, nachzugeben, also biegsamere Architektur gegen Stürme und schwimmende Städte zu errichten oder auszuwandern. Sie können sich nicht versichern und erhalten kaum staatliche Entschädigung. Als wäre das nicht genug, sind sie abhängiger von Subsistenzwirtschaft und leben vielfach in klimatisch ohnehin ungünstigeren Gebieten. Zu den Ärmsten zählen in der Klimakrise zudem die Tiere, die Pflanzen und die Erde. Insofern ist die Klimakrise doch ein ethisches Problem, denn sie schadet anderen mehr als uns. Und in gewisser Hinsicht externalisieren wir die Klimakrise sogar. Wir externalisieren in die Zukunft.

5. Was fehlt, wenn die Tiere fehlen?

„Die Haubenlerche ist bei uns nur noch selten und lokal verbreitet. Ihre bevorzugten Lebensräume werden immer knapper. Sie mag es gerne ruhig, trocken und mit ausreichend Plätzen zum Sandbaden in der Sonne. Bei Erschließung neuer Baugebiete ist sie manchmal vorübergehend zu Gast, verschwindet aber mit Fortschreiten der Bauphase wieder."

Naturschutzbund Deutschland, Artenportraits[12]

Auerochsen – Bodensee-Kilche – Bodensee-Tiefensaiblinge – Gravenche – Jaunets – Kanaren-Austernfischer – Nordseeschnäpel – Pseudoyersinia brevipennis – Riesenalke – Sardische Pfeifhasen – Wasserseelchen – Zonites santoriniensis.

Diese Namen könnten mit zahlreichen anderen auf einer Stele an einem Friedwald neuzeitlich ausgestorbener europäischer Arten stehen. Für jede Region der Welt gibt es eine eigene Vermisstenliste.

Was fehlt uns, wenn diese Tiere fehlen? Nichts, denn wer hätte nicht Angst vor einem Auerochsen im Vorgarten? Nichts, weil wir kaum wissen, dass es sie je gab? Und was interessiert mich eine Riesenglanzschnecke wie Zonites santoriniensis?

Ähnlich wie den Arten geht es der Anzahl der Tiere innerhalb der verbleibenden Arten. Nach dem Living Planet Report 2020 des World Wildlife Fund und der Zoological Society of London sind zwischen 1970 und 2016 die Bestände in den 21.000 untersuchten wildlebenden Populationen von Säugetieren, Vögeln, Amphibien, Reptilien und Fischen global um durchschnittlich 68% zurückgegangen. Nach Kontinenten aufgeschlüsselt steht Europa mit einem Rückgang von 24% am besten da – aber nur, weil hier der größte Rückgang schon vor 1970 stattfand.[13] Würden in diesem Buch 68% der Buchstaben fehlen, so könnte ein Absatz wie der vorige heißen: „Was feh Tier? Nich, we hätte Angst vor? Nichts, weil? intert Riesenglanzsch."

Zwillingskrisen

Was haben das Artensterben und die Schrumpfung der tierischen Bevölkerung mit der Klimakrise zu tun? Sie sind Zwillingskrisen. Die offensichtlichste Verkettung beider ist, dass der Klimawandel direkt das Aussterben von Arten und Sterben der einzelnen Tiere befördert, beispielsweise weil ihre Lebensräume und die Tiere und Pflanzen, auf die sie angewiesen sind, durch Dürre, Temperaturerhöhung und Brände verschwinden, weil das Meer versauert und erhitzt und sich neue Krankheiten ausbreiten. Laut dem Bericht des Weltbiodiversitätsrats ist der Klimawandel nach dem Nutzungswandel und der Übernutzung von Land und Wasser die gravierendste Ursache des Artensterbens. Umgekehrt befördert das Artensterben selbst den Klimawandel, weil beispielsweise Bäume als CO_2-Speicher bedroht sind, wenn die Tiere fehlen, die für ihre Fortpflanzung sorgen. Und nicht zuletzt haben beide teils dieselben Ursachen: die Abholzung, Entwässerung von Mooren, konventionelle Landwirtschaft, Wohn- und Industriebebauung oder die Schleppnetzfischerei, die CO_2 freisetzt, weil sie Sedimente aufwirbelt. Klimaschutz ist Artenschutz. Das stimmt allerdings nicht immer, denn manche Maßnahmen gegen den Klimawandel, sei es Energiegewinnung oder der pure Austausch der Autoflotte, können das Artensterben antreiben. Die einzige artenneutrale Klimastrategie ist die Suffizienz, das Weniger – also die Klimastrategie, die in der politischen Diskussion so gut wie keine Rolle spielt.

Geht es hier um uns?

Die obige utilitaristische Frage, was *uns* fehlt, wenn diese Tiere fehlen, ist wichtig. Es fehlt nicht erst dann etwas, wenn keine Biene mehr einen Apfelbaum bestäubt, kein Regenwurm mehr die Erde fruchtbar hält und Wildtiere aufgrund des Verlusts ihres Lebensraums so nah an die Menschen heranrücken, dass Viren überspringen, es also wie bei Corona zu Zoonosen kommt. Die Existenzbedrohung der Menschen durch Verlust der ökologischen Vielfalt beginnt aufgrund der Komplexität der ökologischen Systeme lange vor dem Sterben der Bienen. Ein Stopp des Tiersterbens ist wie auch schon ein Stopp der Klimakrise nicht nur eine Frage der Moral, sondern auch eine Frage der ökonomischen und lebenspraktischen Klugheit.

Vielleicht aber ist die Frage zu eng gestellt. Vielleicht geht es gar nicht allein und auch nicht in erster Linie um uns. Und vielleicht würde eine weniger nutzenorientierte Sicht der tierischen Mitgeschöpfe mehr zum Handeln motivieren als allein die kluge Einsicht. Fragen wir also: *Was fehlt, wenn die Tiere fehlen?*

Papst Franziskus antwortet darauf in seiner Enzyklika *Laudato si'* ganz schlicht: Dann fehlen die Tiere! Und das ist schon das ganze Drama, denn sie haben einen Wert in sich selbst („un valor en sí mismas", LS 33). Und wenn sie zu etwas dienen, dann dazu, da zu sein und Gott zu verherrlichen:

> „Jedes Jahr verschwinden Tausende Pflanzen- und Tierarten, die wir nicht mehr kennen können, die unsere Kinder nicht mehr sehen können, verloren für immer. Die weitaus größte Mehrheit stirbt aus Gründen aus, die mit irgendeinem menschlichen Tun zusammenhängen. Unseretwegen können bereits Tausende Arten nicht mehr mit ihrer Existenz Gott verherrlichen, noch uns ihre Botschaft vermitteln. Dazu haben wir kein Recht." (LS 33)

Aufgrund des Selbstwerts jedes Tieres begann dieses Kapitel mit der Stele am Friedwald der ausgestorbenen Tiere. Wenn es sie nicht gibt, sollte man sie errichten – denn die angemessene erste Reaktion auf das Fehlen der Tiere ist aus theologischer Perspektive nicht die Angst, dass dies für uns existenzbedrohend ist (auch wenn es das ist). Es ist die *Trauer.* Die existentielle Verbundenheit, der die Trauer entspringt, ist keine Nutzenbeziehung, denn dann würde ich um mich selbst trauern. Sie ist Verwandtschaft und Freundschaft. Die christliche Sozialethik fasst die Verbundenheit zwischen Mensch und Tier im Begriff *Retinität* (vom lateinischen Wort rete, Netz) zusammen: Menschen und Tiere sind verwoben im großen Netz des Lebendigen.

Freundschaft mit den Tieren?

Ist eine solche Freundschaft, ist eine solche Trauer naiv? Was folgt aus ihr konkret für unseren Umgang mit Tieren? Was heißt sie für Fliegenklatsche und Schneckengift, für die Lederschuhe an den Füßen und die Tierleiche auf dem Teller?

Die Diagnose der Mensch-Tier-Beziehung müsste vielleicht eher lauten: Es besteht Feindschaft zwischen Menschen und Tieren. Unsere Beziehung ist geprägt von Angst und Gleichgültigkeit. Da ist die berechtigte Angst der Tiere vor uns, den Jägerinnen, Autofahrern, Häuslebauerinnen und Fernreisenden, Essenden von Fleisch und gespritztem Gemüse. Und da ist die Gleichgültigkeit gegenüber dem Leid der Tiere in Tiertransporten, Schlachthäusern und brennenden Wäldern.

Theologisch gesprochen: Die utopische Welt der Schöpfungsgeschichten war noch nie. Vor allem aber war sie wohl noch nie so wenig wie heute. *Psalm 104* lobt Gott für eine Welt, in der die Menschen nur einige unter vielen sind. Den größeren Raum haben hier die Tiere. Wenn der Psalm von Menschen redet, dann in einem Atemzug mit den Tieren: Die Tiere des Waldes sind in der Nacht unterwegs, die Menschen am Tag. Auf dem Meer ziehen die Schiffe und der Leviathan als Spielgefährte Gottes: „Auf dich warten sie alle, dass du ihnen ihre Speise gibst zur rechten Zeit" (Ps 104,22–27).

Auch das *Schöpfungslied, mit dem die Bibel beginnt*, erzählt von einem gemeinsamen Lebensraum. Hier teilen sich alle Landbewohnerinnen und Landbewohner den sechsten Schöpfungstag. Vieh, Mensch und große Wildtiere sollen das Land beherrschen, ihre Räume besiedeln – ohne dass einer den anderen fräße (vgl. Gen 1, 28–30). In der *folgenden Schöpfungsgeschichte* formt Gott eine Erdkreatur, setzt sie in einen Garten und will ihr eine ebenbürtige Hilfe machen (vgl. Gen 2,18). In den Augen Gottes sind dies die Tiere des Feldes und die Vögel des Himmels. Nur ist sie erst zufrieden mit einer zweiten Erdkreatur wie sie. Die Urgeschichten enden schließlich mit dem Versuch Gottes, die vom Menschen mittlerweile verunstaltete Schöpfung durch die Flut rückgängig zu machen. Resigniert sagt Gott nach dem Rückgang der Flut den Tieren „Furcht und Schrecken" vor den Menschen voraus. Erlaubt sei nun, Fleisch zu essen, wenn auch kanalisiert durch Speisegebote (vgl. Gen 9,1–5).

Erzählt wird hier also, die Erde sei nicht, wie Gott gewollt habe, dass sie werde. Inbegriff dieses Andersseinsollens ist die gestörte Beziehung der Menschen zu Gott und zu den Tieren. Zugleich aber erwartet die Bibel, die „Sünder sollen von der Erde verschwinden" (Ps 104,35). Sie erwartet eine erneuerte Schöpfungsbeziehung:

„Der Wolf findet Schutz beim Lamm, der Panther liegt beim Böcklein. Kalb und Löwe weiden zusammen, ein kleiner Junge leitet sie. Kuh und Bärin nähren sich zusammen, ihre Jungen liegen beieinander. Der Löwe frisst Stroh wie das Rind. Der Säugling spielt vor dem Schlupfloch der Natter und zur Höhle der Schlange streckt das Kind seine Hand aus. Man tut nichts Böses und begeht kein Verbrechen auf meinem ganzen heiligen Berg; denn das Land ist erfüllt von der Erkenntnis des HERRN, so wie die Wasser das Meer bedecken." (Jes 11,6–9)

Von Tauben, Krähen und Dohlen, Hasen und Fischen, Lämmern, Würmern und Bienen, Falke, Fasan und Grille

Ähnlich utopisch angstfrei und freundschaftlich wie in dieser Vision des Jesaja ist das Verhältnis des Franziskus zu den Tieren. Als Jugendliche ging es mir mit der Tierbeziehung des Franziskus wie Thomas von Celano, dem ersten Biographen des Franziskus. Sie war mir suspekt, vielleicht auch peinlich. Thomas erzählt, Franziskus sei im Spoletotal, in der Nähe von Bevagna unterwegs gewesen als er eine „große Schar von Vögeln aller Arten" gesehen habe:

> „Tauben, kleine Krähen und andere, die im Volksmund Dohlen heißen. Als der Diener Gottes sie erblickte, ließ er seine Gefährten auf dem Wege zurück und lief rasch auf die Vögel zu, war er doch ein Mann mit einem überschäumenden Herzen, das sogar den niederen und unvernünftigen Geschöpfen in hohem Grade innige und zärtliche Liebe entgegenbrachte." (1 C 58, FQ 234)

Thomas entschuldigt das Verhalten also beinahe, Franziskus sei so impulsiv, die Tiere aber doch eigentlich einer Zuwendung nicht wert. Für Franziskus scheinen sie aber doch sehr vernünftig zu sein, denn er grüßt sie „in gewohnter Weise", freut sich ungeheuer, dass sie nicht davonfliegen und bittet sie „demütig, sie sollten doch das Wort Gottes hören":

> „„Meine Brüder Vögel! Gar sehr müsst ihr euren Schöpfer loben und ihn stets lieben; *er hat euch Gefieder zum Gewand*, Fittiche zum Flug gegeben und alles, was ihr nötig habt. Vornehm machte euch Gott unter seinen Geschöp-

fen, und in der reinen Luft schuf er euch Wohnung. Ihr
sät nicht und erntet nicht, und doch schützt und leitet er euch, ohne dass ihr euch um etwas zu kümmern
braucht.' Bei diesen Worten jubelten jene Vögel auf ihre
Art und fingen an, die Hälse zu strecken, die Flügel aus-
zubreiten, die Schnäbel zu öffnen und auf ihn hinzubli-
cken, wie er selbst und die bei ihm befindlichen Brüder erzählten. Er aber wandelte in ihrer Mitte auf und
ab, wobei seine Kutte ihnen über Kopf und Körper
streifte. Schließlich segnete er sie, und nach dem Kreuz-
zeichen über sie gab er ihnen die Erlaubnis, wegzuflie-
gen." (1 C 58, FQ 234f)

Bemerkenswert ist hier nicht nur, wie Franziskus die Worte
der Bergpredigt *über* die Vögel *an* die Tauben, Krähen und
Dohlen richtet. Bemerkenswert ist, dass die Vögel mit einer *Predigt nach ihrer Art*, mit Gezwitscher und Bewegun-
gen *antworten*. Dieses *Predigtgespräch* wird gekrönt von *zar-
ten Berührungen* mit der Kutte und dem Segen.

In den Viten des Thomas von Celano ist diese doppelte
Vogelpredigt der Auftakt weiterer Freundestreffen: Ein in
der Schlinge verletzter Hase ruht in Franziskus' Schoß aus,
lässt sich „mit mütterlicher Zärtlichkeit" (1 C 60, FQ 236)
streicheln und will gar nicht mehr weg von ihm. Franziskus wirft einen von einem Fischer gefangenen Fisch wieder ins Wasser und dieser schwimmt ihm nach. Franziskus kauft ein Lamm frei und bringt es bei den Klarissen in
Colpersito unter (vgl. 1 C 78, FQ 246). Er kauft zwei Lämmer aus einem schmerzhaften Tiertransport frei, zahlt mit
einem geliehenen Mantel und gibt die Tiere dem Vorbe-
sitzer zurück „mit dem Auftrag, sie nie mehr zu verkau-
fen und ihnen kein Leid anzutun, sondern sie sorgfältig

zu erhalten, zu nähren und zu hüten" (1 C 79, FQ 247). Er pflegte, Würmer „vom Weg aufzusammeln, und legte sie an einem geschützten Ort nieder, damit sie nicht von den Passanten zertreten würden" (1 C 80, FQ 247), lässt den Bienen „im Winter Honig oder besten Wein hinstellen, damit sie nicht vor Kälte und Frost zugrunde gingen" (1 C 80, FQ 247), Ochs und Esel sind Teil der Krippenfeier von Greccio und genießen die Wonne des Festes (vgl. 1 C 85, FQ 250), ein Falke schließt „mit ihm einen innigen Freundschaftsbund" (2 C 168, FQ 391) und ein Fasan, der Franziskus als Festmahl geschenkt wurde, verschmäht selbst das Essen, solange er von Franziskus getrennt ist (vgl. 2 C 170, FQ 392). Der Reigen endet wieder mit zärtlicher Berührung und Gesang, diesmal dem Gesang eines Insekts: Franziskus liebkost eine Grille und sie, die eigentlich sofort verstummt, wenn sich Menschen nähern, singt mit ihm im Duett zum Lobe Gottes (vgl. 2 C 168, FQ 391).

All diese Erzählungen sind geprägt von einer wechselseitigen Freundschaft, deren Zärtlichkeit Thomas immer wieder betont. Franziskus durchbricht die normale Tierbeziehung. Normal ist: Der Hase und der Fisch werden gefangen, der Fasan und die Lämmer sind als Festmahl gedacht, den Bienen wird der Honig genommen, Falken und Grillen scheuen die menschliche Nähe. Franziskus tauscht „Furcht und Schrecken" (Gen 9,2) gegen eine neue Normalität der Freundschaft. Dieser Tausch ist für Franziskus wohl so zentral wie der Tausch des Wohllebens gegen die Armut. Wie in der Beziehung zur Herrin Armut, so spiegelt sich auch in der Tierfreundschaft seine Gottesbeziehung. Jesus fasst die Tora, wie zu seiner Zeit üblich, zusammen in den zwei Geboten Gottes- und Nächstenliebe (vgl. Lk 10,27). Diese bilden eine Einheit. Franziskus öff-

net diese Einheit auf die Dritten: Gottesliebe, Nächstenliebe und Tierliebe gehören untrennbar zusammen.

Tiere wie wir?

Franziskus spricht zu den Tieren von Angesicht zu Angesicht. Heute gibt es vor allem zwei Varianten, von „Tieren wie wir" zu sprechen. Die eine sieht man am Um-
satzvolumen des Haustierbedarfs: Bestimmte Tiere sind
Familienmitglieder wie wir. Die andere ist naturalis-
tisch. Sie spricht vom Menschen als Tier im Sinne eines
unfreien, rein immanenten Lebewesens. Franziskus ver-
hält sich auf eine dritte Weise: Er trifft sich mit Tieren auf
Augenhöhe. Er spricht ihnen sogar zwei Eigenschaften
zu, die für gewöhnlich als das unterscheidend Menschliche gelten: Religiosität und Moral. Alle Tiere loben
Gott. Dass Jesus in der Offenbarung als Lamm darge-
stellt wird, ist für ihn mehr als eine Metapher. Den Wolf
von Gubbio ermahnt Franziskus, Frieden zu halten. Satt
werde er, auch ohne Angst und Schrecken zu verbreiten
(vgl. Fior 21, FQ 1382f).
  Erzählerisch hätte es da für Thomas von Celano nahe-
gelegen, die Tiere nun auch noch mit menschlichen Worten sprechen zu lassen. Zum Glück unterlässt er dies, denn
Franziskus macht die Tiere nicht gleich. Er lässt sie auf un-
terschiedlichste Weise sie selbst sein, auf eigene Art kom-
munizieren und Gott loben. Er befiehlt ihnen immer wieder, in ihren eigenen Lebensraum zurückzukehren und frei
zu sein. Tiere sind für Franziskus keine Menschen. Tiere
sind für ihn nicht heilig wie für andere Religionen. Sie
sind eine „horizontale Transzendenz"[14].

Haubenlerchen waren die besonderen Freundinnen des Franziskus. Ihnen wusste er sich nahe wegen ihrer Kapuze, ihrer erdbraunen Farbe, ihren Bodennestern, ihrer Humusnähe, humilitas, also Demut. Was würde er wohl sagen, wüsste er, dass auch sie vom Aussterben bedroht sind? Vielleicht täte er das, was er laut der Sammlung von Perugia ohnehin tun wollte: politisch beim Kaiser zu intervenieren, dass sie besser geschützt würden (vgl. Per 14, FQ 1103).

Braucht die Kraft für eine solche politische Intervention Freundschaft zu den Wildtieren? Wie knüpft man eine solche Freundschaft? Versuchen Sie einmal, eine Kohlmeise so anzusehen, als hätten Sie noch nie eine gesehen. Versuchen Sie, sich mit den Augen eines Tieres zu sehen. Setzen Sie sich in den Wald, ohne sich zu regen, und schauen Sie, wer Sie besuchen kommt. Lassen Sie sich berühren. Und was folgt daraus? So wenig Tieren wie möglich so wenig Grund zu „Furcht und Schrecken vor euch" wie möglich zu geben. Gebiete auszuweisen, die nur den Tieren gehören. Weniger zu bauen. Seine Freundinnen und Freunde nicht zu essen. An Stelle des Steingartens eine Wiese zu säen. Die Wiese nicht zu mähen. Sich politisch einzusetzen. Das Mindeste, was um dieser Freundschaft willen zu tun ist, ist die Eindämmung des Klimawandels.

6. Feuer, Wind und Wetter

„Stattdessen sieht die Welt nun so aus:
Wald ist nichts weiter als Holz.
Erde ist eine Halterung für Pflanzen.
Insekten sind Schädlinge.
Und das Huhn ist ein Ding, das Eier legt und Fleisch liefert.“

Maja Göpel, Unsere Welt neu denken[15]

Und Sonne, Wind und Wasser sind Energielieferanten, so könnte man diese Diagnose der zeitgenössischen Weltdeutung fortführen. Maja Göpel, Ökonomin und wissenschaftliche Direktorin des Hamburger New Institute, sieht wie viele andere die Ursache dieser Sicht in einem analysierenden, atomistischen Weltbezug seit der Aufklärung.

„Wer so durch die Welt geht, hat natürlich keinen Blick für deren unfassbare Vielfalt, ihre dynamischen Veränderungen und die Verbundenheit zwischen den einzelnen Teilen. Er übersieht, dass nichts, noch nicht einmal die kleinste Schneeflocke, jemals einer anderen gleicht. Dass jedes Phänomen aus einem anderen entsteht und die Art, wie ein Element eingebettet ist, seine Qualität und Entwicklung beeinflusst.“[16]

In moderner Perspektive funktioniert die Welt nach dem Modell des *Förderbands*: „Vorne wird abgebaut, dann verbraucht, und hinten entsteht Müll, der für niemanden Nahrung ist.“[17] Das über Millionen von Jahren erprobte natürliche Modell ist hingegen das des *Kreislaufs*. Es kennt keinen Müll. Was für die einen das Ende ist, ist für andere der Anfang.

Für die Klimakrise gesagt: Unsere Kohlenstoffwirtschaft funktioniert nach dem Modell des Förderbands. Wir holen die unterirdischen Wälder von Jahrmillionen seit 150 Jahren aus der Erde, stillen mit ihnen unseren Energiehunger, füttern unsere Energiesklaven (Waschmaschinen und Trockner, Autos, Flugzeuge, Stahlkocher und Zementbrenner …) und lagern den gasförmigen Müll in der Atmosphäre und in den Meeren. Für den natürlichen Kohlenstoffkreislauf, also die Fähigkeit, den Treibhausgasmüll vollständig in Pflanzen zu verwandeln, ist das viel zu schnell.

Zusätzlich ein gläubiger Blick auf die Welt

Maja Göpel lädt mit ihrem Buch ein, die Retinität und zugleich die Singularität aller Wesen wiederzuentdecken. Naturerfahrungen und Staunen sind ihre Wege zu einer neuen Spiritualität der Natur. Mit der franziskanischen Tradition schlage ich einen zweiten, den säkularen staunend demütigen Weltblick ergänzenden Aspekt einer veränderten Spiritualität der Natur vor.

Wohlgemerkt: Es geht auch ohne einen gläubigen Blick auf die Welt. Ethik ist autonom. Um zu wissen, was gut ist und was böse, braucht man keinen Gottglauben. Auch für die Wiederentdeckung der Vernetzung und Einzigartigkeit allen Lebens muss man sich eigentlich nur betreffen lassen. Umgekehrt betrachtet sind die christlichen Traditionen, die Gott in allen Dingen finden, historisch nicht die dominanten. Sie stehen in notwendiger Spannung zur unaufhebbaren Transzendenz Gottes und damit zur Entgöttlichung der Welt. Nicht zuletzt ist das Problem komplexer als es die Gegenüberstellung von atomistischer und ganzheitlicher Weltsicht suggeriert. Die Entdeckung der Retinität ist keine naive Idee einer harmonischen und liebevollen Natur. Gerade weil wir leibliche, natürliche Wesen sind, brauchen wir Häuser, Nahrung, Medikamente … Die Frage ist nur, ob wir zur Daseinsvorsorge das Netz, das uns trägt, zerreißen oder ob wir es achten. Die Weltsicht des Franziskus könnte Letzteres inspirieren – auch wenn wir zugeben müssen: Trotz 800 Jahren Vorbild Franziskus stehen die Christinnen und Christen mit aller Welt vor einem ökologischen Desaster.

Nichts Neues?

Im vorigen Kapitel lasen Sie die berühmte Vogelpredigt, hier folgt der noch berühmtere Sonnengesang. Das kennen Sie alles schon? Gibt es nichts Neues zu sagen? Vielleicht ist es mit beiden Texten wie mit der Klimakrise. Über sie reden Wissenschaftlerinnen und Wissenschaftler schon seit über 50 Jahren. Sie wiederholen mit immer besseren Belegen immer wieder dasselbe: Der Klimawandel ist menschengemacht. Treibhausgase müssen reduziert werden. Mit materiell basiertem Wirtschaftswachstum ist das nicht vereinbar. Eine sozial-ökologische Transformation ist nötig … Und plötzlich erreicht diese Nachricht die Herzen. Theologisch nennt man diesen Augenblick *Kairos*.

Das mag etwas zu optimistisch sein. Viele schließen sich ein in mediale Filterblasen, in die nur die Nachrichten gelangen, die ihnen passen. Biblisch gesprochen: Viele verhärten ihre Herzen. Bei vielen gelangt die Nachricht nur auf die Lippen. Aber die anderen werden mehr.

Eine Variante des Sonnengesangs haben viele Christinnen und Christen schon in Kindergottesdiensten geschmettert: Laudato si', o mio Signore! Vom Original unterscheidet sich dieses Lied jedoch entscheidend. Gott wird hier *von den Singenden* für alles Mögliche gepriesen: Sonne, Mond und Sterne, Meer und Kontinente, Berge und Täler, Feld und Wald, Tiere, den liebenden Menschen und Jesu Leben, Tod und Auferstehung. Daran ist wenig Besonderes. Auch wenn man unter Wald nichts weiter versteht als Holz und unter dem Lamm ein Kotelett, könnte man Gott so für diese danken. Der Sonnengesang setzt hingegen ein mit der Anrede Gottes, denn allein Gott gebühre „das Lob, die Herrlichkeit und Ehre und jeglicher Segen", weshalb kein Mensch würdig sei, Gott zu nennen (Sonn 1, FQ 40). Konsequenterweise sind dann auch nicht Menschen das Subjekt des achtfachen Imperativ Passiv „Gelobt seist du, mein Herr", von dem hier die ersten sechs Strophen zitiert seien:

> „Gelobt seist du, mein Herr, mit allen deinen Geschöpfen,
> zumal dem Herrn Bruder Sonne,
> welcher der Tag ist und durch den du uns leuchtest.
> Und schön ist er und strahlend mit großem Glanz:
> Von dir, Höchster, ein Sinnbild.
>
> Gelobt seist du, mein Herr,
> durch Schwester Mond und die Sterne;
> am Himmel hast du sie gebildet
> klar und kostbar und schön.

Gelobt seist du, mein Herr,
durch Bruder Wind und Luft und Wolken
und heiteres und jegliches Wetter,
durch das du deinen Geschöpfen Unterhalt gibst.

Gelobt seist du, mein Herr
durch Schwester Wasser,
gar nützlich ist *sie*
und demütig und kostbar und keusch.

Gelobt seist du, mein Herr,
durch Bruder Feuer,
durch den du die Nacht erleuchtest;
und schön ist *er*
und fröhlich und kraftvoll und stark.

Gelobt seist du, mein Herr
durch die *Herrin* unsere Mutter Erde,
die uns erhält und lenkt
und vielfältige Früchte hervorbringt
und bunte Blumen und Kräuter." (Sonn 2–7, FQ 40f)[18]

Subjekt ist hier Gott, der gelobt wird. Subjekte sind auch
Sonne, Mond und Sterne, Wind, Luft, Wolken und Wetter,
Wasser, Feuer und Erde, mit denen (cun, Sonn 2, FQ 40)
und durch die (per, Sonn 3–9, FQ 40f) das Lob erschallt.
Erst in der folgenden jüngeren Friedensstrophe wird Gott
gelobt durch Menschen, allerdings nur „durch jene, die
verzeihen um deiner Liebe willen und Krankheit ertragen und Drangsal" (Sonn 8, FQ 41). Und selbst Schwester
Tod, die den Kreislauf allen Lebens antreibt, stimmt ein in
den Lobgesang – bevor der Sonnengesang mit der Haltung
endet, die ihn durchzieht, mit „grande humilitate", großer
Humus-Nähe, wie man wortwörtlich übertragen könnte:

„Lobt und preist meinen Herrn und dankt ihm mit großer Demut." (Sonn 10, FQ 41)

Erde und Feuer

Auf vieles könnte man in unserem Kontext zu diesem Ge-
dicht hinweisen: Dass Sonne und Wind, Wasser und Erde
Gott loben, Franz hingegen sie lobt: schön und kostbar
seien sie, klar, demütig, keusch, fröhlich, kraftvoll und
stark. Dass in diesen Adjektiven die Lebenserfahrung Um-
briens steckt. An der See würde Schwester Wasser wohl
kaum demütig genannt. Dass das Wetter, durch das Gott
seine Geschöpfe erhält, einstimmt in den Lobpreis. Mit
dem im vorigen Kapitel zitierten Satz aus der Enzyklika
Laudato si' könnte man angesichts der sich häufenden Ex-
tremwetterlagen sagen: Unseretwegen können „Bruder
Wind und Luft und Wolken und heiteres und jegliches
Wetter", immer seltener mit ihrer Existenz Gott verherrlichen. Drei andere Momente seien stattdessen hier her-
vorgehoben: die Verben *governa* (herrschen) und *sustenta*
(erhalten) und das *Feuer.*
Im Schöpfungslied von Genesis 1 ist dreimal mit unter-
schiedlichen hebräischen Worten und unterschiedlicher
Konnotation von Herrschaft die Rede. Sonne und Mond
herrschen über Tag und Nacht (vgl. Gen 1,16), die Menschen sollen herrschen über Fische und Vögel, Vieh, Acker
und Kriechtiere (vgl. Gen 1,26) und die großen Landlebe-
wesen über Fische, Vögel und Kriechtiere (vgl. Gen 1,28).
Wer herrscht im Sonnengesang?

„sora nostra matre Terra, la quale ne sustenta e governa" – „Herrin unsere Mutter Erde, die uns unterhält
und herrscht" (Sonn 7, FQ 41).

Ich übersetze „sora" als Kurzform von Signora, also nicht
als Schwester, sondern als *Herrin unsere Mutter Erde*, parallel
zum *Herrn Bruder Sonne*. Diese Herrin herrscht nicht durch
Zwang. Sie herrscht, indem sie zuverlässig und immer wieder „vielfältige Früchte hervorbringt und Blumen und
Kräuter", also für abwechslungsreiche Nahrung, Schönheit
und Gesundheit sorgt. Dass dies Herrschaft ist, fällt erst
auf, wenn sie es nicht mehr tut. Die gute Herrscherin ist
ihrer Aufgabe immer weniger gewachsen. Landnutzungswandel bspw. durch Bebauung und Intensivlandwirtschaft
und die Klimakrise führen zum Verlust fruchtbarer Böden.

Aus heutiger Perspektive springt auch das zweite Verb
sustenta, *erhalten* oder *unterhalten*, ins Auge. Die Erde *sustenta* (Sonn 7, FQ 41), das Wetter gibt *sustentamento* (Sonn 4,
FQ 41). Diesem Wort entstammt das Leitprinzip ökologischer Ethik *Nachhaltigkeit*, *sostenibilità*, *sustainability*. Der
Begriff wurde erstmals 1713 in der Forstwirtschaft verwendet, und zwar für einen Umgang mit dem Wald, der
dauerhaft seine Fähigkeit, Holz zu geben, erhält. Das ge-
meinte Prinzip kannte schon Franziskus, allerdings mehr
als spirituelles denn als ökonomisches:

> „Wenn die Brüder Bäume fällten, verbot er ihnen, den
> Baum ganz unten abzuhauen, damit er noch Hoffnung
> habe, wieder zu sprossen. Den Gärtner wies er an, die
> Raine um den Garten nicht umzugraben, damit zu ihrer
> Zeit das Grün der Kräuter und die Schönheit der Blu-
> men den herrlichen Vater aller Dinge verkündigten."
> (2 C 11f, FQ 390)

Im Sonnengesang ist Nachhaltigkeit das Prinzip von Erde und Wetter selbst: dauerhaft vertrauenswürdig Unterhalt zu geben. Aus heutiger Perspektive muss man sagen: Solange wir sie nicht daran hindern.

Und Bruder Feuer? Ohne ihn kein Licht in der Nacht und keine gekochte Mahlzeit. Wie alles ist auch Bruder Feuer für Franziskus ein Spiegel Gottes in der Welt:

„Mit Leuchten, Fackeln und Kerzen ging er vorsichtig um, denn er wollte mit seiner Hand nicht ihren Glanz trüben, der ein Schimmer des ewigen Lichtes ist." (2 C 165, FQ 389f)

Laut der Sammlung von Perugia habe sich Franz sogar geweigert, seine brennende Zelle zu löschen, weil er dem Feuer nicht die Nahrung nehmen wollte (vgl. Per 87, FQ 1166). Das scheint vollends abstrus und ist vielleicht auch nur gut erfunden. Was würde Franz wohl sagen, wenn er wüsste, dass wir heute auf dem Weg ins Pyrozän sind, in das Zeitalter des Feuers? Die Brände in Brandenburg, Kalifornien, Australien, Sibirien und Alaska sind darauf nur ein Vorgeschmack. Schlüssiger wird diese Weltsicht vielleicht, wenn man die von Thomas von Celano erzählte Blumenpredigt danebenstellt:

„Und wenn er eine große Anzahl von Blumen fand, predigte er ihnen und lud sie zum Lob des Herrn ein, wie wenn sie vernunftbegabte Wesen wären. So erinnerte er auch Saatfelder und Weinberge, Steine und Wälder und die ganze liebliche Flur, die rieselnden Quellen und alles Grün der Gärten, Erde und Feuer, Luft und Wind in lauterster Reinheit an die Liebe Gottes und mahnte sie zu freudigem Gehorsam. Schließlich nannte er alle Geschöpfe ‚Bruder und Schwester‘ und erfasste in einer einzigartigen und für andere ungewohnten Weise mit dem scharfen Blick seines Herzens die Geheimnisse der Geschöpfe …" (1 C 81, FQ 248)

Mahnung zu freudigem Gehorsam bedeutet wohl, dass Franziskus sogar Bruder Feuer moralisch anspricht, ihm also zutraut, *gut zu brennen* statt schlecht. Solange er gut brennt, habe er auch ein Recht auf Nahrung.

Gregor Taxacher nennt diese Weltsicht aus religionswissenschaftlicher Perspektive eine animistische: Alles sei beseelt, ansprechbar und handelnd.[19] Ich behaupte nicht, dass wir die Weltdeutung des Franziskus übernehmen sollten oder könnten. Was ich vorschlage, ist eher ein Gedankenexperiment: Stelle dir vor, es wäre so, wie Franziskus meint! Stell dir vor, Sonne und Mond, Wind und Wasser, Feuer und Erde, Blumen und Bäume hätten einen Wert in sich selbst, wären beseelt und sängen zur Ehre Gottes. Manchmal singen sie aus der Perspektive der Menschen schräg oder gar unerträglich – immer häufiger aber tun sie das nicht freiwillig, sondern weil wir sie nicht anders lassen.

Statt eines Gedankenexperiments könnte zum Verständnis der franziskanischen Weltsicht auch eine theologische Deutung helfen. Franziskus sieht die Welt als Sakrament: Jede, jeder und jedes sei ansprechbar, weil es von Gott angesprochen ist, weil Gott sich in ihm aussagt. Mit Thomas gesagt: Franziskus sieht mit *scharfem Blick des Herzens in die Geheimnisse der Schöpfung*. Sonne und Mond, Wind und Wasser, das Feuer, das gut brennt, und die Erde, die noch nährt, sind *Gnade*, nicht nur Geschenk, nicht nur irgendetwas für uns, sondern *Gabe, in der Gott sich gibt*.

7. Ernähren

„Nun zu den Fragen, die Du mir vorgelegt hast mit
der Bitte, ich solle sie bald beantworten: … Jedenfalls
soll Deine Klugheit wissen, dass außer den gebrechli-
chen und kranken Schwestern, denen wir gemäß seiner Mahnung und seinem Auftrag die größtmögliche
Rücksichtnahme angedeihen lassen sollen, keine von
uns, die gesund und bei Kräften ist, etwas anderes als
Fastenspeise essen darf, sowohl an Wochentagen wie an
Festtagen; wir fasten jeden Tag, außer an den Sonntagen und am Geburtsfest des Herrn: an diesen Tagen sollen wir zweimal essen."

Klara an Agnes von Prag (3 Agn 29.31–33, KQ 34)

Essen kommt nicht aus dem Supermarkt. Essen kommt
von der Erde. Die *Herrin unsere Mutter Erde* aber ist krank.
Sie hat Klimawandel. Sie hat Landnutzungswandel, Süßwassermangel, Artensterben, Ozeanversauerung. Ihre
Krankheiten werden durch Ernährungspraktiken mit-
verursacht und führen zu Hunger.[20]

Erdkrankheiten und Ernährung

Je nach Studie sind dem Ernährungssektor 21 % bis 37 %
des weltweiten Treibhausgasausstoßes anzulasten. Ursäch-
lich dafür sind die Umwandlung von Ökosystemen (Wälder, Feuchtgebiete etc.) in Pflanz- und Weideflächen und
der damit verbundene Treibhausgasausstoß, die energie-

und damit emissionsintensive Herstellung von Kunst-
dünger, intensive Anbaumethoden, die die Kohlenstoff-
aufnahme des Bodens verringern, sowie Verpackung,
Transport, Kühlung und Verarbeitung.

Der Klimawandel führt wiederum gemeinsam mit Bau
und Landwirtschaft zum Verlust der Bodenfruchtbarkeit.
Etwa ein Viertel der eisfreien Landfläche der Erde leidet
laut IPCC unter menschengemachter Degradierung. Die
Bodenerosion landwirtschaftlicher Flächen ist bei konven-
tioneller Landwirtschaft u. a. aufgrund enger Fruchtfolge
und Überdüngung bis zu 100-fach höher als die Boden-
bildungsrate. Die größten Treiber sind dabei Viehhaltung
und Futtermittelanbau, allen voran Soja für die Intensivtierhaltung.[21]

Klima- und Landnutzungswandel führen wiederum zu
Süßwassermangel u. a. durch Wetterextreme, Versalzung
und abnehmende Speicherfähigkeit der Böden. Der Süßwassermangel wird zudem direkt landwirtschaftlich befördert bspw. durch Bewässerung sowie Ammoniak- und
Nitratbelastung aus der Tierhaltung. Der Wasser-Fußab-
druck von Rindfleisch ist 50-mal höher als der von Gemüse. Als wäre das nicht genug, ist der Stickstoff- und
Phosphorkreislauf durch Kunstdüngung gestört. Alle genannten Krankheiten treiben zusammen mit landwirt-
schaftlichem Pestizideinsatz das Artensterben an. Sie ge-
fährden die Ernährungssicherheit von Menschen, Tieren
und Pflanzen. Beispielsweise ging der Getreideertrag im
Norden und Osten Deutschlands durch die Dürre seit
2018 um mehr als ein Viertel zurück. Im Mittelalter hätte
das eine Hungersnot zur Folge gehabt. Wir kaufen stattdessen das Getreide anderer, solange es dieses gibt und wir
es zahlen können.

Das komplexe Problem lässt sich reduzieren auf fünf Schlüsselfaktoren: Erstens die Anzahl der zu Ernährenden (Menschen und ihre Haustiere), zweitens wie viel wovon gegessen wird (die ökologische Belastung durch tierische Produkte übersteigt die pflanzlicher um ein Vielfaches), drittens wie es angebaut wird (der ökologische Schaden durch biologische Landwirtschaft ist auf allen genannten Ebenen deutlich geringer als durch Intensivlandwirtschaft), viertens woher das Essen kommt (wie weit gereist, Freiland oder Gewächshaus) und fünftens was nicht gegessen wird: Mehr als 25 % der global produzierten Lebensmittel werden vernichtet. Der zuvor angerichtete Schaden wäre also mindestens für diese Mengen leicht vermeidbar.

Was kümmert mich der ethische Konsens?

Ethisch sind angesichts dieser Sachlage vier Ziele gut begründeter Konsens: eine biologische, treibhausgasminimierende und land- und artenerhaltende Landwirtschaft, Regionalisierung und Saisonfolge der Nahrungsmittelproduktion, vollständige Ertragsnutzung sowie eine Kultur wesentlich pflanzlicher Ernährung. Nur so kann eine Verringerung des Hungers gelingen – neben Kriegen, die oft selbst Ursache von Hunger sind, *die* Menschenrechtsverletzung schlechthin. Nur so kann es intergenerationelle Gerechtigkeit geben. Und nur so wird Gott auch in Zukunft als der Ernährende und alles Leben Erhaltende gepriesen werden können. Andernfalls wird die Erde immer weniger Lebewesen immer weniger nähren.

Mit dieser kondensierten, faktenbasierten Problembeschreibung und einem ethischen Appell zur Änderung des Lebensstils und zu politischem Einsatz könnte dieses Kapitel enden. Ernährung ist aber nicht allein eine klimaethische Frage. Ernährung ist kulturell (Auswahl, Zubereitung, Tischsitten …), ökonomisch (Landeigentum, industrielle Verarbeitung, Werbung …), sozial (milieu-, geschlechts- und altersspezifisch, familial …), politisch (friedensstiftend, kriegstreibend, subventioniert …), medizinisch (Unterernährung, Übergewicht …), ökologisch und spirituell: Was, wie viel, wie, wo, wann in welchem Tempo und mit wem Menschen essen, ist Ausdruck ihrer Identität und ihrer sozialen Einbindung. Lassen Sie uns deshalb auf einige spirituelle Aspekte der Ernährung schauen! In der Hoffnung, dass von dort neues Licht auf die so offensichtlichen ethischen Forderungen fällt.

Sich ernähren: gewaltsam und a-sozial

Klara schrieb vier Briefe an Agnes von Prag. Wir lesen hier von Armut als Christusnachfolge, vom Beharren auf dem eingeschlagenen „Weg der Seligkeit" und Freude (2 Agn 13, KQ 27) und immer wieder von der Nähe zu Jesus. Für diese verwendet Klara typische Bilder mystischer Theologie: Agnes trage wie die schwangere Maria Jesus in die Welt (vgl. 3 Agn 25, KQ 33) und als Braut Jesu vereine sie sich mit ihm. Überraschender ist Klaras aus der Weisheitstheologie stammende Metapher des Spiegels: Jesus sei der Spiegel, vor den Agnes sich stellen solle, um sich umzuformen in das „Bild seiner Gottheit" (3 Agn 13, KQ 32). In diesem Spiegel sehe sie Jesu armes und demütiges Leben von der Krippe bis zum Kreuz. In diesen Spiegel, der am Kreuze hing, solle sie sich versenken (vgl. 4 Agn 15–27, KQ 38f).

Mitten in dieser hohen mystischen Theologie geht es im dritten Brief plötzlich, wie nebenbei und auf Anfrage von Agnes, um die praktische Frage, was dies alles für die Ernährung heiße. Klara antwortet: Die Gesunden und Kräftigen essen immer Fastenspeise, also wohl vegan. Zudem fasten sie, essen also nur eine Mahlzeit täglich, mit Ausnahme von Sonntagen, Weihnachten, Marien- und Apostelfesten (vgl. 3 Agn 31–37, KQ 34).

Auffällig ist, was das Fasten hier nicht ist: Es ist weder dominierend noch scheint es eine Methode der mystischen Entrückung zu sein, wie man es bei späteren, teils wohl anorektischen Mystikerinnen wie Caterina da Siena beobachten kann. Ernährung ist hier nicht Mittel zum Zweck. Ernährung ist auch nicht selbst Religion, nicht das goldene Kalb, um das man tanzt – übrigens eine Gefahr vieler zeitgenössischer Ernährungspraktiken. Klaras Fasten und Essen von Fastenspeisen sind Zeichen der zuvor so innig ausgemalten Gottnähe. Aber warum?

Eine mögliche Antwort ist: sich ernähren zerstört das Leben von Pflanzen und Tieren. Sich ernähren verwandelt anderes Leben in Speise für mich, in eigenes Leben. Mit Franziskus, der den Tieren und den Feldern predigt, gesagt: Ich esse meine Freundinnen und Freunde. Ernährung ist zudem Inbegriff der Abhängigkeit – denn ich brauche immer andere und anderes, um satt zu werden. Und Ernährung ist Inbegriff des Ego. Was der eine isst, kann die andere nicht mehr essen. Nahrung gehört zu den wenigen Ressourcen, deren Nutzung exklusiv ist und damit maximale Konkurrenz erzeugt.

Fasten und Essen von Fastenspeise durchbricht vorübergehend diese Zusammenhänge. Es durchbricht die Abhängigkeit von Materiellem und klärt auf über die eige-

67

nen Sehnsüchte. Es schenkt Zeit, übt Suffizienz und damit eine neue, dankbarere und demütigere Beziehung zu dem, was uns nährt. Es durchbricht die Gewalt des Ernährens. Das macht das Fasten so schön – und ist doch nur ein Vorzeichen möglichen Heils.

Nähren und Heilwerden

Das gemeinsame Sattwerden ist biblisch der Inbegriff des Heils (vgl. Dtn 6,10–12; 8,7–1). Typisch für den biblischen Jesus sind Gastmähler, die zu neuer Gemeinschaft der Sünderinnen und Sünder mit Gott führten:

> „Der Menschensohn ist gekommen, er isst und trinkt und ihr sagt: Siehe, ein Fresser und Säufer, ein Freund der Zöllner und Sünder!" (Lk 7,34, vgl. Mt 11,18–19)

In vielen Gleichnissen, wie dem vom Himmelreich als Hochzeitsmahl (vgl. Mt 11,1–14) oder vom barmherzigen Vater (vgl. Lk 15,11–32), bildet das gemeinsame Essen ein zentrales Element der Handlung: das Festmahl für den Jüngeren, das unterbliebene Mahl des Älteren mit seinen Freunden. Im Mittelpunkt steht nicht allein das Sattwerden. Im Mittelpunkt stehen *Feier und Fülle*. Dasselbe gilt für die Hochzeit zu Kanaan (vgl. Joh 2) und die Speisung der 5000 (vgl. Mk 6,30–44): Es bleiben zwölf Körbe übrig. Selbst der Auferstandene setzt sich zum Mahl und wird erkannt am Tischritual, dem Brotbrechen (vgl. Lk 24,30; Joh 21,9.12–13). So ist es schlüssig, dass die Eucharistie, also ein gemeinsames veganes Mahl, zum Zentrum des Christentums wurde: Verzehren Gottes, das die Gewalt des wechselseitigen Verzehrens mindert, Mahlgemeinschaft als Gottesgemeinschaft.

Auch die Franziskustexte erzählen vom Zusammenhang von Essen und Heil: Wie Franziskus mit einem kranken Bruder Trauben isst (vgl. Per 53, FQ 1124), wie er sich selbst als Kranker einen Meerengel (vgl. Per 71, FQ 1147) oder die Süßspeise der Jakoba (vgl. Jakoba, FQ 142) wünscht und diese prompt geschenkt bekommt. Auch das ist eine franziskanische Art des Durchbrechens der Nahrungskonkurrenz: statt der Gier das sich-beschenken-Lassen.

Identität

Ernährung ist für Jugendliche aus dem Umfeld von Fridays for Future zu einem zentralen Feld nachhaltigen Handelns und zum Identitätsmarker geworden, vegan oder vegetarisch, samt Food-Sharing und Urban Gardening. Sie entdecken hier, dass die Transformation möglich ist. In anderen Lebensbereichen wie Wohnen und Mobilität steht diese Entdeckung noch aus. Insofern könnte man diesem Kapitel vorwerfen, dass es mit der Konzentration auf Ernährung offene Türen einrennt, die harten Themen hingegen ausspart.

Zur christlichen Spiritualität der Ernährung gehören Fest und Fasten. Zu ihr gehören die Mühe des Gärtnerns, die Freude der Ernte, das Teilen. Zu ihr gehört Ehrfurcht gegenüber der Nahrung, wie sie sich im Bekreuzigen des Brotes zeigt. Genussvolle, gemeinschaftsstiftende, teilende und ehrfürchtige, rhythmisierte und nicht verfressene Ernährung ist als Lebensstil Selbstzweck. Sie verankert die oben genannten klimaethischen Notwendigkeiten im eigenen Leben. In glaubender Perspektive ist sie Vorzeichen des Reiches Gottes.

8. Unser Handeln und das Wirken Gottes

„Gib mir Herr … Empfinden und Erkennen, damit ich
deinen heiligen und wahrhaften Auftrag erfülle."
(GebKr, FQ 13)

Wir müssten hier nun fortfahren mit den vielen viel un-
bequemeren klimarelevanten Bereichen. Franz und Klara
inspirieren auch zu einer Spiritualität der Handarbeit, des
Ortes, des Wohnens, des Besitzes, des langsamen Reisens
und Daheimbleibens:

„Und die Brüder, die arbeiten können, sollen arbeiten
und das Handwerk ausüben, das sie verstehen …
Hüten sollen sich die Brüder, wo sie auch sein mögen,
in Einsiedeleien oder an anderen Orten, sich den Ort
anzueignen oder einem anderen streitig zu machen …
Der Herr befiehlt im Evangelium: ‚*Gebt Acht und hü-
tet euch vor jeglicher Bosheit und Habsucht*' und: ‚*Seid auf der
Hut vor dem geschäftigen Treiben dieser Welt und vor den Sorgen
dieses Lebens*'. Darum soll keiner der Brüder, wo er auch
geht und steht, auf irgendeine Weise Geld oder Münzen
bei sich haben oder annehmen oder annehmen lassen,
weder für Kleider noch für Bücher noch als Lohn für
eine Arbeit; nein, unter keinem Vorwand, es sei denn
wegen der offenkundigen Notlage kranker Brüder …
Es soll ihnen auch nicht gestattet sein, zu Pferd zu reiten,
wenn sie nicht durch Schwäche oder große Not dazu ge-
zwungen sind." (NbR 7.8.5, FQ 75f.81)

All das ist klimaethisch höchst relevant: Wer wenig selber machen kann, kann letztlich nur noch klicken, so dass die Dinge als Ware um die halbe Welt zu ihm fliegen und später als Müll enden. Wer sich einen Ort ohne Gemeinwohlgedanken aneignet, der steckt nach dem Auszug der Kinder 30 Jahre lang in seinem Haus wie in zu groß gewordenen Kleidern und produziert Unmengen an Treibhausgasen, um in diesen nicht zu frieren. Die jungen Familien bauen derweil erneut die grüne Wiese am Stadtrand zu. Regionalwährungen spielen in den Debatten um eine ökologische Transformation eine Rolle, weil sie Regionalisierung fördern und auf Tausch angelegt sind statt auf das Anhäufen. Um die 1,5-°C-Grenze nicht zu überschreiten, braucht es eine zügige Mobilitätswende, also gemeinsame Antworten auf die Frage, welche Distanzen zurückgelegt werden müssen und welche Verkehrsmittel wem guttun. Franziskus lehnt nicht jedes Haben und nicht jeden Ritt ab, nur bleiben sie auf das Notwendige beschränkt.

Diese Aspekte sind spirituell, ethisch und politisch: bildungspolitisch für handwerkliche Bildung in den Schulen, wohnungspolitisch für Unterstützung von Mehrgenerationenhäusern mit Gemeinschaftsräume und Gästezimmern, solidarisch bewirtschafteten Stadtgärten und Werkstätten, verkehrspolitisch für Tempolimits, Begrenzung von Flugslots, Umwidmung von Autostraßen in Radwege und Parkplätzen in Grünflächen ….

Vertrauen

Statt all dies aus ethischer und spiritueller Perspektive auszuführen, sei hier eine grundsätzlichere Frage erlaubt:

Müssen wir alles allein hinbekommen? Liegt die Zukunft allein in unseren Händen? Haben Sie schon einmal gebetet: „Herr, rette uns aus der Klimakrise!"? Und wenn ja: Haben Sie darauf vertraut, dass Gott dieses Gebet erhört? Was haben Sie erwartet?

Auf interdisziplinären Veranstaltungen zur Klimakrise höre ich oft von Kolleginnen und Kollegen anderer Fächer die Erwartung, Christinnen und Christen müssten trotz Klimakrise hoffnungsvoll sein, denn sie rechneten doch mit dem rettenden Eingreifen Gottes. Aus innerchristlichen Kreisen kenne ich denselben Gedanken als Vorwurf: Sei doch nicht so pessimistisch! Was ist das für eine Theologin, die kein Gottvertrauen hat!

Ich bin nicht pessimistisch. Ich versuche, realistisch und konstruktiv zu sein. Aber das ist nicht die Frage. Die Frage ist: Was bedeutet es, in Zeiten der Klimakrise auf Gott zu vertrauen und um Gottes Hilfe zu bitten?

Eine mögliche Antwort ist, auf Gottes Intervention in den Weltlauf zu setzen. Durchbricht Gott Naturgesetze, um Wasser je nach Bedarf wie eine Mauer stehen zu lassen (vgl. Ex 14,22) oder in Wein zu verwandeln (vgl. Joh 2) oder um Menschen zu heilen? Einige Theologen haben in den letzten Jahren bedenkenswerte Ansätze entwickelt, wie eine göttliche Intervention ohne Kollision mit einer naturwissenschaftlichen Weltbetrachtung gedacht werden könnte: Gott durchbreche die Naturgesetze nicht. Gott handele in ihren Lücken (Klaus von Stosch). Gott ändere die Disposition der Dinge, so dass sie sich den Naturgesetzen entsprechend anders verhalten als zuvor (Benedikt Göcke). So schlüssig solche Gedanken auch sein mögen, sie haben zwei Probleme. Zum einen lehrt die historisch-kritische Exegese, dass Erzählungen wie die vom Durch-

zug durch das Schilfmeer und von der Hochzeit zu Kanaan
wohl kaum als historische Berichte gelesen werden können. Zum anderen stoßen interventionistische Konzepte
des Handelns Gottes auf die Frage nach Gerechtigkeit
und die Theodizee: Wenn Gott ab und an interveniert,
warum dann so selten? Warum so schwach? Und warum
rettet Gott den einen und die andere nicht? Spätestens seit
Auschwitz zerschellt der Gedanke göttlichen Interventio-
nismus an diesen Fragen. Es scheint vielmehr so zu sein, als
greife Gott Vater im Interesse der Freiheit der Welt nicht
machtvoll rettend in den Weltlauf ein.

Gib, dass ich tue

Aus dieser These folgt nicht notwendig ein Verlust des
Gottvertrauens. Aber worauf vertrauen? Darauf, dass Gott
um uns wirbt, uns lockt und ruft. Darauf, dass Gott auf
die Geschöpfe wartet, dass sie sich auf die Liebe, die Gott
ist, einlassen – während wir auf Gott warten und Gott in
der Welt vermissen.

Franziskus betet vor dem Kreuzbild in San Damiano
genau um dies: Gib mir, Herr, *senno e cognoscemento, che
faccia, Gespür und Erkennen, dass ich tue* (GebKr, FQ 13).
Ein Bewusstseinsinterventionismus, also dass Gott irgendwie physiologisch in die Psyche des Menschen eingreifen
würde, ist damit wohl kaum gemeint. Franziskus behauptet, er sei nicht allein in dem, was er tut. Gott öffne und
gebe sich. Gott ist die Bedingung der Möglichkeit, dass
seine Geschöpfe sich öffnen und, wie Franziskus es aus-
drückt, Gottes *heiligen und wahrhaften Auftrag erfüllen*. Tri-
nitarisch gesagt: Gott Vater ist gegenwärtig als Vermisster.

Jesus lässt sich ganz auf die Liebe, die Gott ist, ein, verwirklicht sie in der Welt und alle können ihm folgen. Die heilige *ruach* (Geist) ermöglicht Weisheit, Einsicht und Rat, Gespür und Erkennen, die Gegenwart Gottes zu entbergen und zu sehen, was an der Zeit ist.

Heißt das, wie man so plakativ sagt, Gott habe keine Hände als unsere Hände? Nein. Gott kann. Das ist die Quintessenz aller biblischen Erzählungen von der Schöpfung bis zur Neuschöpfung. Gott werde die menschliche Normalität unterbrechen. Gott werde retten. Nur scheint es noch nicht vollends so weit zu sein. Das Gebet „Herr, rette uns aus der Klimakrise!" hat deshalb zwei Seiten. Zum einen betet es: Gib, dass ich tue! Gib das rechte Gespür, zu erkennen, was jetzt getan werden muss. Gib den Mut und die Freundinnen und Freunde, die es braucht, es auch zu tun. Zum anderen ist es ein klagendes, wartendes Gebet ins Leere hinein: Wo bleibst du, Gott?

Treffend fasst dies Ignatius von Loyola: „Bete, als ob alles von dir abhinge. Arbeite, als ob alles von Gott abhinge." Das ist so seltsam verschränkt, dass es für gewöhnlich verdreht zitiert wird, lautet aber genau, wie es hier steht: Halte betend die Abwesenheit eines intervenierenden Gottes aus. Verzweifle nicht, sondern setze im Kampf gegen die ökologische Krise vertrauend auf Gott.

9. Schuld, Sünde und Buße

Streckt eure Hände nicht aus gegen eure Nachkommen und tut ihnen nichts zuleide!

nach Gen 22,12

Vor zwei Jahren erzählte mir eine Bekannte in der Apotheke freudestrahlend von ihrem bevorstehenden Sommerurlaub in Amerika und mir rutschte heraus: „Wie kannst du nur? Denkst du denn gar nicht an deine Kinder?" Ihr 13-jähriger Sohn neben ihr schaute genauso entgeistert wie sie: „Warum? Wir dürfen doch mit!"

Dieses Gespräch war nicht zielführend. Meine Reaktion wirkte rechthaberisch. Vielleicht könnte man auch denken, ich habe ihr den Urlaub madig machen wollen. Die Situation endete wohl deshalb nicht im Streit, weil die Reaktion des Sohnes uns schmunzeln ließ. Zudem war die geplante Reise politisch und kulturell eingebunden und deshalb nicht ausschließlich meiner Bekannten anzulasten: Warum sind solche Reisen relativ billig? Warum dürfen sie beworben werden? Warum gelten sie für viele als normal und als gutes Recht?

Aber war die Anfrage in der Sache falsch?
Im oben zitierten Abschnitt aus dem Buch Genesis war Abraham losgezogen, seinen Sohn Isaak als Brandopfer darzubringen. Anders als Abraham verbrennen wir unsere Kinder. Es geht nicht um Klima*schutz*. Es geht darum, weniger Schaden anzurichten. Auf den ersten Blick scheint es so, als richte der einzelne Flug doch gar keinen

Schaden an. Der Schaden entsteht in der Tat erst, wenn viele fliegen. Das Problem ist aber, *dass* viele fliegen, fossilbasiert Autofahren, heizen, konsumieren. Klarer wird die Sache, wenn man die einzelne Handlung als den Tropfen betrachtet, der das Fass der Atmosphäre zum Überlaufen bringt. Mehr noch: Wir und andere haben seit Beginn der Industrialisierung schon so viel Treibhausgase ausgestoßen, dass nur noch ein geringes Budget bleibt, bevor netto gar keine Treibhausgase mehr ausgestoßen werden dürfen – soll nicht die 1,5-°C-Grenze überschritten werden, jenseits derer ein unkontrollierbar selbstverstärkender Erwärmungsprozess droht. Das Fass ist voll. Jede Person, die noch etwas hineinkippt, macht sich schuldig – es sei denn, er oder sie konnte nicht anders. Können wir wirklich nicht anders?

Schuld, Sünde, Buße. Diese Begriffe sind aktuell wie selten zuvor und wirken doch völlig aus der Zeit gefallen. Wer in Klimafragen von Schuld spricht, dem wird gern vorgehalten, er selbst sei doch auch nicht perfekt, entpolitisiere und übersehe die Komplexität und Tragik der jeweiligen Situation. Die Zeit der Nicht-Nachhaltigkeit ist eine Zeit des „Wir können alle nichts dafür". Doch verschwinden die Bedrohungslage und ihr Zusammenhang mit menschlichem Handeln nicht, wenn man sie nicht benennt. Zudem dient die Markierung von Schuld und Unschuld nicht negativ der Ausgrenzung. Sie dient positiv dazu, alle in dem zu bestärken, was richtig ist.

„Franziskus forderte die Brüder auch auf, keinen Menschen zu verurteilen, noch jene zu verachten, die üppig leben und sich ausgesucht und luxuriös kleiden: Denn unser Gott ist auch ihr Herr, mächtig, jene *zu berufen und die er berufen hat auch gerecht zu machen.* Es war sein ausdrücklicher Wunsch, dass die Brüder diese Leute wie ihre Brüder und Herren achten. Sind sie doch Brüder, insofern sie von dem einen Schöpfer geschaffen sind; Herren sind sie, insofern sie den Guten, denen sie das zum Leben Notwendige gewähren, helfen, Buße zu tun. …

Niemand soll durch euch zu Zorn oder Zank gereizt, vielmehr sollen alle durch eure Sanftmut zu Friede, Güte und Eintracht angehalten werden. Denn dazu seid ihr berufen, Verwundete zu heilen, Gebrochene zu verbinden und Verirrte zurückzurufen. Viele scheinen uns nämlich Glieder des Teufels zu sein, die eines Tages Jünger Christi sein werden." (Gef 58, FQ 644)

Die Dreigefährtenlegende nennt hier verschiedene Gründe, weshalb sich die Brüder der Schuldzuschreibung enthalten sollten. Ein Grund ist schöpfungstheologisch: Alle sind Geschöpfe und deshalb Geschwister. Einer ist jesuanisch: Aus denjenigen, die wie Teufel handelten, könnten Jüngerinnen und Jünger werden. Drittens gibt es ganz pragmatische Gründe: Die Bettelbrüder sind auf Gaben angewiesen. Zudem würde eine solche Ermahnung ihr Ziel nicht erreichen, sondern „Zorn oder Zank" säen. Hilfreicher sei das Vorbild.

Dies wirft Licht darauf, dass es wohlfeil ist, den Lebensstil anderer zu kritisieren und zugleich vom fossilbasierten Reichtum der eigenen Gesellschaft zu profitieren. Er wirft Licht darauf, wie schmal der Grat ist zwischen notwendiger Benennung dessen, was unbedingt aufhören muss, und der Saat von Zorn und Zank. Hilfreicher ist in der Tat, vorzuleben, dass es auch anders geht. Wenn man sich über die bösen Taten aufregt und Schuldige benennt, dann sollte dies, so Franziskus, aus Liebe geschehen (vgl. Erm 11, FQ 50).

Unabdingbar ist allerdings die umgekehrte Haltung: die Bitte um Vergebung, das Kyrie. Viele halten gerade trotzig an ihrem Lebensstil fest, weil eine Umkehr implizit bedeutet: Bisher war es falsch. Die Umkehr braucht das Schuldeingeständnis. Stellen Sie sich vor, in 50 Jahren bekennen sich unsere Nachfahren schuldig an der Klimakrise. Sie bitten die Überlebenden, die als Flüchtlinge zu ihnen drängen, um Vergebung für ihre Großelterngeneration. Und sie erinnern sich an uns mit Abscheu und Unverständnis: „Wie konntet ihr nur?" Besser wäre, selbst mit dem Eingeständnis der Schuld anzufangen – als erster Schritt zur Umkehr. Die fünfte Bitte des Vaterunser erhält heute so einen neuen Klang: Vergib uns unsere Schuld!

Christlicher Glaube verdoppelt die Schuld, denn diese stört nicht nur die Beziehung zu den Menschen. Sie stört zugleich die Gottesbeziehung und ist insofern Sünde. Die Nähe Gottes vergrößert die Schuld noch einmal, weil wir aus dieser Nähe heraus anders können müssten. Zugleich begrenzt christlicher Glaube die Schuld durch den Glauben an die Möglichkeit von Versöhnung. Die Kirchen kennen Riten, Schuld einzugestehen und um Versöhnung zu bitten. Sie haben jedoch kaum realisiert, welche Herausforderung die ökologische Krise in dieser Hinsicht ist. Wo bleiben die Predigten zur Klimakrise? Wo bleiben die Bußgottesdienste? Wer sucht nach neuen liturgischen Formen, den Abschied vom Liebgewonnenen und die Suche nach dem Neuen zu begleiten?

10. Feiern wir!

> „Gehen wir singend voran! Mögen unsere Kämpfe und
> unsere Sorgen um diesen Planeten uns nicht die Freude
> und die Hoffnung nehmen."
>
> Papst Franziskus, Laudato si' 244

Wenn die Coronakrise vorbei ist, werden wir ein großes
Fest feiern, tanzen und singen. Das ist auch in der Klimakrise eine ziemlich gute Idee: Es gibt so viel zu tun. Es gibt
so viel auszuprobieren. Wie wäre es mit verpflichtenden
Lackierungen auf SUVs „Dieses Auto tötet"? Wie wäre
es mit der Umgestaltung des (Kirchen-)Parkplatzes zum
Park? Wir brauchen exponentielle Treibhausgasreduktio-
nen. Zuerst ist es noch recht einfach. Die letzten 10 Prozent der Reduktion werden 90 Prozent unserer Kraft
brauchen. Für die letzten 10 Prozent der Menschen, die
überzeugt werden müssen, gilt dasselbe. Die Kluft zwischen dem, wie wir sein wollen oder sollen, und dem,
wie wir sind, ist nur mühsam zu überbrücken. Sie zwingt
zum Kampf gegen uns selbst für uns und andere. Doch
jeder Schritt, jede Halbierung der Treibhausgas-Emissio-
nen, jede Idee, wie andere mitgenommen werden können, wäre ein Fest wert.

Wir sind begrenzt. In der Klimakrise entdecken wir,
dass auch die Schöpfung begrenzt ist. Grenzen geben Ordnung und Heimat. Selbst das Fest hat seine Grenze. Immer
nur feiern und schwelgen ist genauso lebensfeindlich wie
immer nur arbeiten. Eine Ursache des heutigen ökologischen Problems ist Grenzenlosigkeit einiger, Grenzenlo-

sigkeit von Wachstum, Waren, Reisen, Verfügbarkeit …
In der ersten biblischen Schöpfungsgeschichte heißt Schaffen Grenzen setzen. Gott begrenzt das Tohuwabohu. Gott scheidet Licht von der Finsternis, Wasser vom Wasser, Wasser vom Land. Gott gibt allen Arten ihren Raum und ihre Nahrung. Und Gott setzt aller Arbeit eine Grenze: Die Krone der Schöpfung ist der Sabbat.

Es gehört zum Menschsein, Grenzen zu überspringen, Sehnsucht nach mehr und anderem zu haben. Genau das erzählt dann die kanonisch zweite Schöpfungsgeschichte: Von diesem Baum dürft ihr nicht essen. Das ist eure Grenze. Da ist klar, was die Menschen in der Erzählung tun. Sie wollen wissen. Sie wollen mehr sehen. Sie wollen keine Grenzen. Sie tauschen die Grenze des schönen Gartens gegen die Härte der Welt außerhalb. Sie wollen allein ihr Leben sichern. Wie schön wäre es, wenn die Schöpfung keine planetaren Grenzen hätte! Wie schön wäre es, wenn sie unendlich viel aushalten würde! Oder nicht? Was ist das Ziel unserer Sehnsucht?

In diesem Buch ging es um die Anerkennung der Grenzen des Planeten. Es ging um das Überschreiten der Grenzen, die uns an dieser Anerkennung hindern. Es ging um Freundschaft zu Tieren und Verantwortung gegenüber den Menschen, die nach uns kommen. Es ging um eine Sehnsucht ohne Gier. Eine Mystik, die politisch wird.

Im Diktat von der wahren Freude schildert Franziskus eine schauerliche Situation, die uns etwas für diese Mystik, die politisch wird, lehren kann. Er steht frierend und vollkommen durchnässt nachts vor der Unterkunft der Brüder und wird barsch weggeschickt:

„Ich sage dir: Wenn ich Geduld habe und mich nicht aufrege, dass darin die wahre Freude ist und die wahre Tugend und das Heil der Seele." (WFreud 15, FQ 57)

Die Zeit drängt. Nicht Geduld, sondern Eile ist das Gebot der Stunde. Und doch gilt es, mit sich und den anderen Geduld zu haben. Regen Sie sich nicht auf! Suchen Sie neue Mitstreiterinnen und Mitstreiter und machen Sie weiter! Darin könnte dann auch die wahre Freude liegen: Wir dürfen neugierig sein auf jeden neuen Schritt. Es wird viele Überraschungen geben. Wir werden viele neue Talente entdecken und Freundschaften knüpfen. Der Weg ist unbekannt. Kreativität ist gefragt. Es wird sehr schwer. Doch es wird auch anders schön. Aber selbst wenn es nicht schön wird, wenn das Schwere überwiegt, so ist die spirituelle und politische ökologische Transformation doch die heute zeitgemäße Form praktischer Nachfolge. Für Franziskus von Assisi liegt die wahre Freude darin, sich selbst auf Gott hin loszulassen.

Papst Franziskus beendet seine Enzyklika *Laudato si'* mit einem revolutionär anmutenden Aufruf, sich zu freuen und zu hoffen: Gehen wir singend voran! Fünf Jahre später im nachsynodalen Schreiben *Querida Amazonia* ist der Elan des Aufbruchs einem tragischen Ton gewichen. Angesichts der dramatischen ökologischen Lage in Amazonien, der Lunge der Erde, schließt der Papst nun mit dem schmerzerfüllten Ruf an Maria: „Auf dich vertrauen wir, Mutter des Lebens, verlass uns nicht in dieser dunklen Stunde" (QA 111).

Welches Ende soll gewinnen?

Allerdings ist auch die fast aktionistisch klingende Aufforderung der Enzyklika *Laudato si'* nicht ganz ihr letztes

Wort. Es folgen zwei Gebete, eines für die Erde, das jede und jeder Glaubende jeder Religion mitbeten könne, und ein christliches mit der Schöpfung:

> „Allmächtiger Gott, der du in der Weite des Alls gegenwärtig bist und im kleinsten deiner Geschöpfe, der du alles, was existiert, mit deiner Zärtlichkeit umschließt, gieße uns die Kraft deiner Liebe ein, damit wir das Leben und die Schönheit hüten.
> Überflute uns mit Frieden, damit wir als Brüder und Schwestern leben und niemandem schaden …"
>
> (LS, Gebet für unsere Erde)

> „… Die Armen und die Erde flehen,
> Herr, ergreife uns mit deiner Macht und deinem Licht,
> um alles Leben zu schützen,
> um eine bessere Zukunft vorzubereiten,
> damit dein Reich komme,
> das Reich der Gerechtigkeit, des Friedens, der Liebe und der Schönheit.
> Gelobt seist du.
> Amen."
>
> (LS, Christliches Gebet mit der Schöpfung)

Wir warten auf Gott, in dem sich das Universum entfaltet und „der es ganz und gar erfüllt" (LS 233), so schrieb ich oben. Die Armen und die Erde flehen um Gottes Kommen, so heißt es hier. Christinnen und Christen nehmen das Kommen Gottes jeden Sonntag feiernd vorweg.

Warten auf Gott, das heißt auch: Wir warten auf einen neuen Franziskus, eine Franziska, einen echten christlichen Aufbruch, der wie damals ein Modell für unerhört viele würde. Aufgrund der Komplexität der Sachlage und der Größe der Herausforderungen braucht es viele Franziskas, in jedem Winkel der Erde. Seien Sie eine oder einer davon. Dann werden wir feiern, denn es wird gut werden. Mit Gottes Hilfe.

Anmerkungen

1 Franzen, Jonathan, Wann hören wir auf, uns etwas vorzumachen? Gestehen wir uns ein, dass wir die Klimakatastrophe nicht verhindern können, in der Übersetzung von Bettina Abarbanell. © Rowohlt Verlag GmbH Hamburg 2020, 21f.

2 Göpel, Maja, Unsere Welt neu denken. Eine Einladung, © 2020 Ullstein Buchverlage GmbH Berlin 2020, 189.

3 Neubauer, Luisa/Repenning, Alexander, Vom Ende der Klimakrise: Eine Geschichte unserer Zukunft, Stuttgart 2019, 24–26.

4 Thier, Ludger/Calufetti, Abele (Hg.), Il libro della beata Angela da Foligno. Edizione critica, Grottaferrata 1985, 356 (Memoriale IX, 29–38, Übersetzung KB).

5 Verfassung von Ecuador, Art. 71, zitiert nach: Acosta, Alberto, Buen vivir. Vom Recht auf ein gutes Leben, München 2016[2], 25.

6 Die folgenden Gedanken wurden bereits publiziert in: Katrin Bederna, Every Day for Future. Theologie und religiöse Bildung für nachhaltige Entwicklung, Ostfildern 2020, 205–209

7 Mechthild von Magdeburg, Das fließende Licht der Gottheit, hg. von Gisela Vollmann-Profe, Frankfurt a. M. 2003, IV, 10.

8 Jacopone da Todi, Laude. A cura di Franco Mancini, Roma 1974, Lauda 36, 119–122 (Übersetzung KB).

9 Margherita Porete, Lo specchio delle anime semplici. Prima versione italiana commentata con testo mediofrancese a fronte, Milano 1994, Kap. 135, 488 (Übersetzung KB).

10 Lessenich, Stephan, Neben uns die Sintflut. Die Externalisierungsgesellschaft und ihr Preis, Bonn 2016, 24. 65. 98. 179.

11 Ebd. 51.

12 Naturschutzbund Deutschland, Artenportraits, Haubenlerche/
    Galerida cristata: https://www.nabu.de/tiere-und-pflanzen/voegel/
    portraets/haubenlerche.

13 Vgl. WWF, Living Planet Report 2020. Bending the curve of bio-
    diversity loss, hg. von Almond, R.E.A./Grooten M./Petersen, T.,
    Gland (CH) 2020, in: https://www.wwf.de/living-planet-report.
    Verlässliche Listen ausgestorbener und vom Aussterben bedrohter
    Tiere finden sich unter: https://www.iucnredlist.org.

14 Den Begriff „horizontale Transzendenz" von Christian Lehnert
    sowie die Idee zur Kapitelüberschrift und einige der folgenden
    Freundschaftsratschläge verdanke ich: Horstmann, Simone, Was
    fehlt, wenn uns die Tiere fehlen? Eine theologische Spurensuche,
    Regensburg 2020.

15 Göpel, Maja, Unsere Welt neu denken. Eine Einladung, Berlin
    2020, 41.

16 Ebd. 40f.

17 Ebd. 43.

18 Die Übersetzung des Sonnengesangs wurde in den drei kursiv ge-
    setzten Textteilen gegenüber FQ verändert.

19 Vgl. Taxacher, Gregor, Christlicher Animismus? Zur Theologie
    franziskanischer Tierbeziehung, in: Horstmann, Simone/Ruster,
    Thomas/ders., Alles, was atmet. Eine Theologie der Tiere, Regens-
    burg 2018, 292–306.

20 Einige der folgenden Gedanken finden sich ausführlicher in: Katrin
    Bederna, Ernährung, in: Martin Rothgangel; Henrik Simojoki;
    Ulrich H.J. Körtner (Hg.), Ethische Kernthemen (Theologie für
    Lehrerinnen und Lehrer, Bd. 2). Göttingen 2021.

21 Daten zum Zusammenhang von Klimawandel, Landnutzungswan-
    del und Ernährung siehe: IPCC, Climate Change and Land. An
    IPCC Special Report on climate change, desertification, land de-
    gradation, sustainable land management, food security, and green-
    house gas fluxes in terrestrial ecosystem 2020; FAO, The State of
    Food and Agriculture 2020, Rom 2020.

Abkürzungsverzeichnis

Die Schrifttexte sind entnommen aus:

Einheitsübersetzung der Heiligen Schrift, Katholische Bibelanstalt, vollständig überarbeitete Auflage, Stuttgart 2016.

Die Franziskus-Quellen (FQ) sind zitiert nach:

Berg, Dieter/Lehmann, Leonhard (Hg.), Franziskus-Quellen. Die Schriften des Heiligen Franziskus, Lebensbeschreibungen, Chroniken und Zeugnisse über ihn und seine Orden, zweite verbesserte Auflage, Kevelaer 2014.

Dabei gelten folgende Abkürzungen:

1 / 2 C	Thomas von Celano, 1. und 2. Lebensbeschreibung (Vita) des hl. Franziskus
Erm	Ermahnungen des hl. Franziskus
Fior	Fioretti / Blümlein des hl. Franziskus
Gef	Dreigefährtenlegende
GebKr	Gebet vor dem Kreuzbild von San Damiano
Jakoba	Brief an die Herrin Jakoba
NbR	Nicht-bullierte Regel
Per	Sammlung von Perugia
SC	Sacrum Commercium, Bund des hl. Franziskus mit der Herrin Armut
Sonn	Sonnengesang
Test	Das große Testament des hl. Franziskus
WFreud	Diktat über die wahre Freude

Die Klara-Quellen (KQ) sind zitiert nach:

Schneider, Johannes/Zahner, Paul (Hg.), Klara-Quellen. Die Schriften der heiligen Klara, Zeugnisse zu ihrem Leben und ihrer Wirkungsgeschichte, Kevelaer 2013.

Dabei gelten folgende Abkürzungen:

2/3/4 Agn Klaras 2., 3. und 4. Brief an Agnes von Prag
KlTest   Testament der hl. Klara

Für die Apostolischen Schreiben gelten folgende Abkürzungen:

EG   Papst Franziskus, Apostolisches Schreiben *Evangelii gaudium*, Bonn 2013.
LS   Papst Franziskus, Enzyklika *Laudato si'* von Papst Franziskus über die Sorge für das gemeinsame Haus, Bonn 2015.
QA   Papst Franziskus, Nachsynodales Schreiben *Querida Amazonia* von Papst Franziskus an das Volk Gottes und an alle Menschen guten Willens, Bonn 2020.

Zum Weiterdenken und –handeln

Ökologische Ethik: Vogt, Markus, Christliche Umwelt-
ethik. Grundlagen und zentrale Herausforderungen,
Freiburg im Breisgau 2021.

Theologie und religiöse Bildung in der Klimakrise: Bederna, Katrin, Every Day for Future. Theologie und religiöse Bildung für nachhaltige Entwicklung, Ostfildern 2020[2].

Tiertheologie: Horstmann, Simone/Ruster, Thomas/Ta-
xacher, Gregor, Alles, was atmet. Eine Theologie der
Tiere, Regensburg 2018.

Spiritualität der Ernährung: Rosenberger, Michael, Im
Brot der Erde den Himmel schmecken. Ethik und Spiritualität der Ernährung, München 2004.

Ökonomie: Göpel, Maja, Unsere Welt neu denken. Eine
Einladung, Berlin 2020; Paech, Niko, Befreiung vom
Überfluss. Auf dem Weg in die Postwachstumsökono-
mie, München 2016[9].

Produktberatung und Hintergründe: www.utopia.de

Solidarische Landwirtschaft: https://www.solidarische-
landwirtschaft.org

Bildung für nachhaltige Entwicklung:
https://www.bne-portal.de
https://www.nachhaltigkeitsstrategie.de/bildung

Politisch aktiv sein: Fridays for Future https://fridaysfor
future.de; GermanZero https://www.germanzero.de;
Greenpeace https://www.greenpeace.de; World Wide
Fund For Nature https://www.wwf.de

Kirchliche Initiativen: Bund der Deutschen Katholischen Jugend https://www.bdkj.info/fachstellen/jugendarbeit-schule/werde-weltfairaenderer; Misereor https://www.misereor.de; Kindermissionswerk Die Sternsinger https://www.sternsinger.de; Brot für die Welt https://www.brot-fuer-die-welt.de.

In der Reihe „Franziskanische Akzente" sind u. a. erschienen:

Weitere Informationen zu allen Bänden der Reihe finden Sie unter www.echter.de